中职生责任担当教育主题班会

杨小兰 黄轶 陈建军 主编

中国财经出版传媒集团
中国财政经济出版社

图书在版编目（CIP）数据

中职生责任担当教育主题班会 / 杨小兰，黄轶，陈建军主编. ——北京：中国财政经济出版社，2021.9
ISBN 978-7-5223-0750-3

Ⅰ.①中… Ⅱ.①杨…②黄…③陈… Ⅲ.①德育-中等专业学校-教材 Ⅳ.①G711

中国版本图书馆 CIP 数据核字（2021）第 177372 号

责任编辑：蔡　宾　　　　　　　责任校对：徐艳丽
封面设计：华乐功

中职生责任担当教育主题班会
ZHONGZHISHENG ZEREN DANDANG JIAOYU ZHUTI BANHUI

中国财政经济出版社 出版

URL: http://www.cfeph.cn
E-mail: cfeph@cfeph.cn
（版权所有　翻印必究）

社址：北京市海淀区阜成路甲 28 号　邮政编码：100142
营销中心电话：010-88191522　编辑部门电话：010-88190666
天猫网店：中国财政经济出版社旗舰店
　　网址：https://zgczjjcbs.tmall.com
北京密兴印刷有限公司印刷　各地新华书店经销
成品尺寸：185mm×260mm　16 开　10.25 印张　238 000 字
2021 年 9 月第 1 版　2021 年 9 月北京第 1 次印刷
定价：28.00 元
ISBN 978-7-5223-0750-3
（图书出现印装问题，本社负责调换，电话：010-88190548）
本社质量投诉电话：010-88190744
打击盗版举报热线：010-88191661　QQ：2242791300

前　言

中职生是国家经济建设和社会发展进步的生力军，培养中职生责任担当意识，不仅能促进他们健康成长和发展，而且还能为国家和社会培养担当民族复兴大任的时代新人。我国政府高度重视中职生责任担当意识的培养，2008年12月，教育部《关于进一步深化中等职业教育教学改革的若干意见》中指出："中等职业学校要把思想政治教育摆在重要地位，培养学生的爱国情操、法治观念和社会责任感。"2014年12月，教育部新修订的《中等职业学校德育大纲》规定："中等职业学校德育目标是：把学生培养成为具有社会责任感、创新精神和实践能力的高素质劳动者。"为此，中等职业学校在深化教育教学改革过程中，把中职生责任担当教育作为思想政治教育和德育教育的重要内容。

中职生正处于人生成长的关键期和转折期，优秀品德的形成需要家庭、学校和社会共同引导。从家庭角度，父母和长辈的言传身教对中职生责任担当意识的培养产生重要影响；从学校角度，教师的引领示范和科学指导为中职生责任担当意识的形成导航；从社会角度，良好的社会风气是中职生责任担当意识得以巩固的重要条件，而社会生活和行业实践又是检验中职生责任担当意识的练兵场。因此，家庭、学校、社会对中职生担当意识的培养都负有不可推卸的责任。只有三方的紧密配合，才能最终促进中职生成为具有责任担当的时代新人。就目前来看，学校在培养中职生责任担当意识方面仍然发挥主导作用，中职生家庭教育和社会教育的影响相对薄弱。因此，中等职业学校应积极发挥家庭、学校、社会协同教育的作用，以加强中职生思想政治教育和德育教育为契机，有效开展中职生责任担当意识的培养活动。正是基于这样的原因，我们在开展中职生社会责任教育实践研究中，积极发挥课程育人功能，编写了《中职生责任担当教育主题班会》。

本书的整体结构、模块划分、编写体例、主要内容的确定都通过了认真研究和反复推敲。编者查阅大量文献资料，进行精心整理，夯实本书编写的理论基础；同时，认真学习和领会新时代党和国家对中职生责任担当的要求，结合中职生责任担当教育的实际，采用了中职生易于接受的方式进行编写，使之具有科学性、时代性、实用性。本书是一本为中职生提供自我教育的德育教材，填补了中职生责任担当教育缺乏课程资源指导的空白，丰富了中职生责任担当教育主题班会活动的内容，为增强中等职业学校思想政治教育和德育教育效果贡献了力量。

本书在编写过程中得到了重庆市第二师范学院任运昌教授的悉心指导，他认为本书的价值极高，适用性和针对性较强，是一本值得推广运用的书，同时，他对本书的编写提出了许多宝贵的意见和建议，为我们后期的完善和修改提供了依据。在此，对任运昌教授的辛勤付出表示感谢！

本书在编写和推广运用过程中还得到了西南大学、重庆市教育科学研究院、重庆市巴南区进修学校以及学校领导和同仁的大力支持，在他们的共同关心和指导下，本书的编写经过了多次修改，并以不同形式进行交流推广，取得了较好的效果。在此，对全力支持该书编写的单位、领导及同仁表示感谢！我们将带着这份关心继续前行，争取更大的收获。

由于编写经验有限，希望大家在使用过程中提出宝贵意见，以便我们以后修订、完善。

编者
2021 年 3 月

目 录

第一单元　自我责任担当 ……………………………………………………（ 1 ）

　　第一课　进职校　开启美好新生活 …………………………………（ 1 ）

　　第二课　立规矩　自律培养好习惯 …………………………………（ 7 ）

　　第三课　惜生命　远离隐患保安全 …………………………………（ 13 ）

　　第四课　重学业　一技在手行天下 …………………………………（ 20 ）

　　第五课　护青春　微笑走过花季路 …………………………………（ 26 ）

　　第六课　做准备　求职择业有底气 …………………………………（ 33 ）

第二单元　家庭责任担当 ……………………………………………………（ 40 ）

　　第七课　知艰难　感谢父母养育恩 …………………………………（ 40 ）

　　第八课　爱劳动　勤俭朴实学当家 …………………………………（ 49 ）

　　第九课　念亲恩　彼此关爱见真情 …………………………………（ 56 ）

　　第十课　尽孝道　传统美德记心间 …………………………………（ 62 ）

　　第十一课　勤沟通　相互包容共成长 ………………………………（ 68 ）

　　第十二课　友邻里　和睦相处乐融融 ………………………………（ 75 ）

第三单元　他人和集体责任担当 ……………………………………………（ 81 ）

　　第十三课　反欺凌　平安校园共守护 ………………………………（ 81 ）

　　第十四课　守诚信　立身之本莫忘记 ………………………………（ 87 ）

　　第十五课　谢师恩　尊师重教践于行 ………………………………（ 94 ）

　　第十六课　勇担当　班级建设靠大家 ………………………………（100）

　　第十七课　促团结　凝心聚力添光彩 ………………………………（106）

　　第十八课　讲文明　知荣知耻树新风 ………………………………（113）

第四单元　社会和国家责任担当 ……………………………………………（119）

第十九课　存公德　修炼品德提素质 …………………………………（119）
第二十课　行善举　传递爱心弘仁义 …………………………………（126）
第二十一课　懂节俭　珍惜资源护环境 …………………………………（132）
第二十二课　铭历史　牢记使命挑重担 …………………………………（139）
第二十三课　长志气　奋力拼搏强中华 …………………………………（147）
第二十四课　扬美德　凝聚正气展形象 …………………………………（153）

第一单元
自我责任担当

第一课　进职校　开启美好新生活

名人名言

在每个死胡同的尽头,都有另一个维度的天空,在无路可走时迫使你腾空而起,那就是奇迹。

——廖一梅

一、活动背景

带着中考的失利,一群对生活充满失望和沮丧的学生走进了职业学校,他们中相当一部分人失去了明确的目标和前进的动力。面对这个特殊的群体,职业教育的首要任务就是帮助他们重拾成人、成才的信心,从而激励他们积极进取、奋发向上,努力做一名有所作为的中职生。

二、活动内容

熟悉彼此、走出困境、学习榜样。

三、活动目标

1. 让学生知道适应新环境从良好的人际互动开始,领会乐于交往的意义,增强学生适应新环境的信心,引导学生做一名主动适应环境的人。

2. 让学生知道人生路上失败是难免的,领会主动走出失败困境的意义,增强克服失败阴影的信心,引导学生做一名勇于走出困境的人。

3. 让学生知道榜样之路依然是从平凡开始的,领会学习榜样的重要意义,强化学生学习榜样精神的意识,引导学生做一名践行榜样精神的人。

四、活动准备

1. 准备小纸条和笔,做好书写自我介绍的准备。
2. 找好配乐和歌曲《明天会更好》。
3. 收集专业技能赛视频或校园文体活动精彩视频。
4. 收集优秀学生图片,邀请特定榜样人物。

备注:3、4 两个方面,可根据需要进行有选择的准备。

五、活动过程

(一)活动导入

同学们,当我们背着行囊走进职业学校,幸福生活离我们的距离会有多远?答案是:也许很远,也许很近,远与近的距离掌握在每个人的手中。就读职业学校应该是我们人生的转折点,也是一个新的起点。立足新起点,开启美好新生活,修人品、学知识、习技能,只要愿意付出,我们未来的路一样很宽。升学有望,就业有路,职业教育同样可以帮助你成就出彩人生。

(二)体验·探究·分享

活动 1 熟悉彼此

设计意图:

通过游戏活动,引导同学们用特别的方式相互熟悉,增加彼此间的亲近感,营造一种轻松、融洽的相处氛围,找到树立第一印象的好方法。

活动步骤:

1. 每位同学在小纸条上用 5 个关键词描述自己的特点(如图 1-1 所示),要求内容必须是健康的。

图 1-1 认真书写个人特点

2. 主持人将全班同学随机分成两人一组，同伴间开始相互交流，即一位同学向另一位同学介绍自己，倾听者将对方描述的个人特点记下来，以便向其他同学介绍自己的同伴。当一个同学介绍完毕时，两人互换角色按前面的要求继续进行交流，限时 30 秒。

3. 主持人再次将全班同学随机分成四人一组，每位同学把记下的同伴信息向小组内的其他成员做介绍，扩大彼此熟悉的范围，时间不超过 1 分钟。

4. 主持人要求同学们寻找班级内自己不太熟悉的伙伴进行交流，即向他人介绍自己，也倾听别人的自我介绍，然后记下交流对象的个人信息，时间不超过 2 分钟。

5. 主持人随机抽取同学进行全班交流，看哪位同学了解的信息最全面，并能将信息和人进行准确对应。

问题探究：

1. 刚才的游戏活动告诉我们适应新环境从什么开始？
2. 这样的互动体验让你收获了什么？明白了什么道理？
3. 在你看来，尽快融入了一个新环境难度大不大？为什么？
4. 生活中，我们还可以用哪些方法或技巧主动适应新的环境？

小结： 当我们进入一个新环境后，用巧妙的方法让别人认识自己、了解自己，从而拉近彼此间的距离，较快地建立良好的人际关系，为走好下一步奠定基础。主动适应新环境，展现新自我，这是对自己负责的具体表现。

活动 2　走出困境

设计意图：

通过创设情景，让同学们明确人生道路不可能是一帆风顺的，指导他们勇敢面对过去的失败，立足现实，面向未来。

活动步骤：

1. 情景展示（播放配乐，一位同学读，其余同学倾听）

在某个夏日的傍晚，一位旅行爱好者独自来到一个新开发的自然风景区，游客较稀少，当他兴致勃勃地走在路上，突然脚下一滑，不小心掉下悬崖，此时的他发现自己全身受伤，左腿骨折，掏出手机却发现没有信号，环顾四周，看见身边是直立的岩壁，内心有些绝望。身处此境，他该怎样活下来？

2. 主持人将全班同学随机分成 4~8 人一组，组成一个智囊团，为这位游客设计绝处逢生的方法，然后派代表进行全班分享（如图 1-2 所示）。

问题探究：

1. 通过刚才的讨论和分享，大家明白了什么道理？
2. 在为旅客设计绝处逢生方法的过程中，你得到什么启示？
3. 如今，来到职业学校，你认为有没有绝处逢生的希望？为什么？
4. 你打算从哪些方面去实现绝处逢生的新希望？

小结： 对自我负责，就要正确认识自己所面临的处境。请记住：人生从来没有真正的绝境，命运掌控在每个人自己的手里。面对暂时的困境，最好的方式就是选择接受，努力想办法去解决它。把自己的内心变强大，困难才会变得渺小。

图 1-2　小组代表分享

活动3　学习榜样

设计意图：

通过活动，引导同学们学习身边的榜样，看到就读职业学校的希望，激发他们积极向上的内在动力，树立成人、成才的信心。

具体做法：

方案一：①选择两至三位本校优秀毕业生图片，向同学们讲述该生参加市级或全国技能比赛的优秀事迹。②引导同学们观看本校专业技能赛视频或校园文体活动的精彩视频。

方案二：邀请优秀毕业生来到班级给学弟学妹们做交流，亲自讲述自己职业学校生活的成长经历，解答师弟师妹们的疑问。

注意事项：邀请优秀毕业生时，选择社会经历相对丰富、语言组织能力强、充满正能量的代表，如邀请我校全国技能赛金牌获得者（图1-3）等。

图 1-3　我校全国技能赛金牌获得者

问题探究：
1. 榜样是怎么成长起来的？
2. 榜样的成长之路让你明白了什么道理？
3. 从榜样的身上，我们看到中职生成才最关键的因素是什么？
4. 从现在开始，你打算从哪些方面践行榜样精神？

小结：对自我负责，就要善于学习榜样，因为榜样是人生的坐标，是个人追求成功的向导。学习榜样，可以获得更多的精神养分，激发自己内在的前进动力。愿你未来的人生，在榜样精神的感召下，不断地完善自我，希望某一天，你也成为别人学习的榜样。

（三）活动小结

1. 主持人小结。同学们，走进职业学校并不意味着人生失败，相反，这是我们迈向另一种成功的起点。放下过去，把心归零，让人生重新起航。从现在起，调整心态，积极交往，以愉悦的心情迎接崭新的职校生活。在未来的求学路上，以优秀的学长学姐为榜样，刻苦努力，发奋图强。相信总有那么一天，你能走出低谷，实现人生逆袭。

2. 班主任点评。人生是一个不断地适应环境、改造环境，从而适应自我、实现自我的过程。本次班会活动，大家在一种轻松愉悦的氛围中熟悉彼此，掌握了适应新环境的方法和技巧，充分展现了同学们主动交往的能力，这样的表现值得肯定！走进职业学校，或许很多同学还没有摆脱迷茫、困惑、失意、无奈的情绪，但在班会活动中，绝大多数同学能正确认识困难，积极面对人生，这种勇气值得点赞！聆听榜样故事，分享榜样走向成功的秘诀，在榜样精神的感召下，许多同学都有勤学苦练、发奋图强的欲望，这样的心态值得鼓励！希望同学们带着这股热气，积蓄力量，勇往直前，努力打造精彩的职校生活。

播放音乐，全班齐唱《明天会更好》，结束本次班会活动。

六、活动拓展

（一）智慧加油站

中职生适应职校生活，要做到"一定位，四学会"。

1. 做好角色定位

中职生不是坏学生、差生，是需要引导的"潜力生"。中职生进入职业学校后，需正确认识自我，挖掘潜力，增强信心，以较快的速度适应职校生活。

2. 做到"四个学会"

（1）学会做人。学会做人是中职生的首要任务。中职生要重新塑造良好的自我形象，做到明理诚信，遵纪守法，举止文明，主动交往，情绪自控，大度宽容，有一颗感恩的心。

（2）学会做事。学会做事是中职生必修的一门功课。在集体生活中，人人都应该成为集体生活的管理者和服务者，主动承担责任和义务。从小事做起，从我做起，在做事中提高自身综合素质和综合能力，为将来适应职业生活打好坚实的基础。

（3）学会生活。学会生活是中职生生活中必不可少的内容。中职生要全面发展，抓住有利时机，利用学校提供的各种平台完善自我，展示自己的兴趣和特长，追求多方面发展。

(4) 学会学习。学会学习是中职生追求进步成长的必备条件。中职生要树立正确理想，学会设计个人职业生涯规划，从而明确学习目的、端正学习态度，培养良好的学习习惯，力争在中职阶段学有所成。

（二）行为训练营

同学们，请你在以下生命线上标注你未来最想实现的三个幸福生活的目标，并在线段的适当位置标注你实现这些目标的年龄。

(　　) 岁

现在的你

建议：各班教室文化墙上做一棵梦想树模型，每个同学选择一个自己最想实现的梦想，将它写在"果型"便利贴上，然后将写好梦想的"果型"便利贴粘贴在梦想树上，时时提醒每个同学为实现梦想而努力奋斗。

七、学生总结反思摘录

杨海玲：这次班会活动让我大开眼界，以前的班会活动大部分都是班主任一人包办，老师给我们灌输很多大道理，但活动效果并不理想。而现在的班会活动班主任不再是主讲者，整个活动流程都是在主持人引导下完成，其形式非常新颖、独特、趣味性强，能吸引同学们的注意力。同学们在活动中体验、在探究中感悟、在交流中提高，让班会活动变得很有意义。

万文静：我认为这次班会活动内容丰富、形式多样、生动活泼，它激发了我们参与班会活动的激情，绝大部分同学都积极参与，大家一起体验、一起探究、一起分享，不仅让我们感受到了班会活动的快乐，而且还培养了我们主动适应环境的意识，增强了我们战胜困难的信心，特别是身边榜样人物的事迹分享，改变了我对职业学校的认知，原来读职业学校也是一个不错的选择！中职生只要选择努力提升自己，成才的道路也会越走越宽。

李小曼：刚进入职业学校的我们，大多数人都处于一种迷茫的状态。主要是因为我们的成绩不优秀，只能选择读职业学校。这次班会活动让我认识到人生没有绝对的困境，只要自己肯努力、肯上进，每个人都能成为绝境中的超人。

张耀月：聆听学姐学长成才的故事，让我认识到成功的道路有千万条。作为中职生，虽然我们的成绩不理想，但我们有自己的优势。特别是在专业学习中，只要我们能主动发挥特长，认真学习，刻苦训练，掌握一技之长，就会拥有实现人生逆袭的机会。所以，我打算早日定好自己的发展目标，努力朝着自己梦想指引的方向发展。

第二课 立规矩 自律培养好习惯

名人名言

哪怕对自己的一点小小的克制，也会使人变得强而有力。

——高尔基

一、活动背景

近几年来，由于国家高度重视职业教育的发展，职业学校的入学门槛变得越来越低，一部分自由散漫、规矩意识差、自律能力弱的学生进入职业学校，造成职业学校管理难度加大。为此，在新生入学初期，必须加强对学生规矩意识、自律意识的教育，帮助他们改掉身上的各种陋习，培养遵规守矩的好习惯，增强自律能力。

二、活动内容

认识规矩、感悟规矩、建立规矩。

三、活动目标

1. 让学生知道生活中缺乏规矩意识和自律能力便会产生不必要的烦恼，领会守规矩是做人、做事的底线，增强他们自觉遵守规矩、严以自律的意识，引导他们做一名守规矩、会自律的好学生。

2. 让学生明白反思是开展自我教育的有效形式，强化学生纠正不良言行的意识，引导他们从守规矩、严自律开始，重新塑造个人形象。

3. 让学生了解班级公约的制定是集体智慧的结晶，领会共同制订、共同认可、共同遵从的规矩才会促进集体的发展和个人进步，提高学生自主管理意识，增强自主管理能力。

四、活动准备

1. 学生自制"电影票"，购买小奖品。
2. 准备便利贴若干，各小组准备空白纸和笔。
3. 主持人事先将全班同学分成若干个小组（原则上 4~8 人一组）。

五、活动过程

（一）活动导入

同学们，中职生被人瞧不起的原因是什么？因为在我们当中，有些人习惯性地将自己的陋习毫无遮掩地展示在他人的眼皮之下，给自己打下了"坏学生"的烙印。在这里，想请问大家：你愿意接受"坏学生"的称号吗？面对歧视的眼光，我们必须改变自己，积极进行自我反思，找到自己身上的缺点，努力改掉陋习，重塑个人形象，做一名遵规守矩的中职生。

（二）体验·探究·分享

活动1　认识规矩

设计意图：

通过活动体验，让同学们认识到我们的生活处处离不开规则，每个人只有守规、自律才能维护正常的秩序。

活动步骤：

1. 活动前，布置一两个同学秘密自制"电影票"。
2. 主持人宣布活动主题后，询问大家今天有没有想看电影的欲望。
3. 主持人第一次拿出自制的"电影票"，向同学们宣布：今天，我们组织大家免费观看电影，有愿意去的同学来领电影票。
4. 第一次发放完毕后，主持人请没有拿到"电影票"的同学举手示意，并做好记录。
5. 主持人第二次拿出自制的"电影票"，并告诉同学们，这场电影比刚才那部电影更好看，但这次需要排队领票。
6. 对刚才有秩序地领取"电影票"的同学分发小奖品，对他们守秩序的行为给予奖励。

注意事项：

1. 所制作的"电影票"数量不少于全班总人数。
2. 第一次分发"电影票"时，故意多发给某些同学，同时掉一部分在隐蔽之处。
3. 第二次分发时，特别强调需排队，一张一张把"电影票"发放到每个人手中（如图2-1所示），可同时将小奖品发给排队领票的同学，对没遵守排队秩序的同学一定做到不发"电影票"票和小奖品。

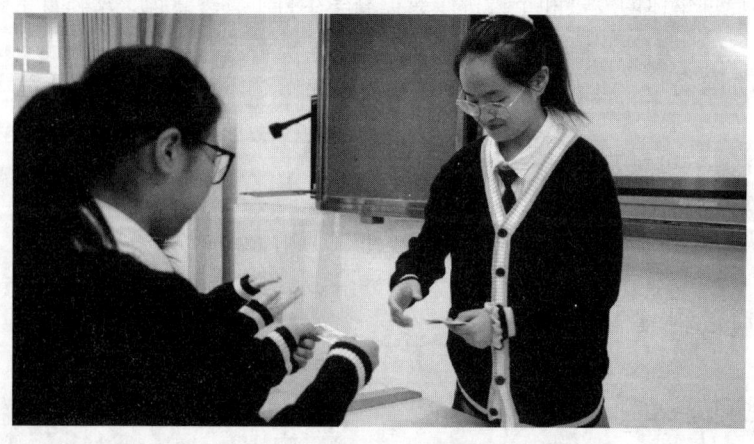

图2-1　领票

问题探究：

1. 在两次活动中，你领到"电影票"和没有领到"电影票"的心情各有什么不同？

2. 生活中，不守规矩、不自律会给他人带来什么样的影响？别人不守规矩、不自律会给自己带来什么影响？

3. 守规矩、懂自律与做人、做事有何关系？请举例说明。

4. 新的职校生活已经开启，你打算从哪些方面入手，学做一名守规矩、重自律的人？

小结：一直以来，守规矩、懂自律是我们生存于世间的一种标准、法则，是人性的考验，是做人做事的底线。守规矩、懂自律，要求我们在做人做事过程中做到知荣知辱、知是知非，对纪律心存敬畏，明白哪些事该做，哪些事不该做。因为只有这样，我们才能改变人生，掌控命运。

活动 2 感悟规矩

设计意图：

通过活动，引导同学们以积极的态度开展自我反思、自我教育，感悟不守规矩的行为对自己的成长和集体的发展所产生的负面影响。

活动步骤：

1. 给每个同学分发一张便利贴，请同学们在便利贴上写出自己在校园生活中不守规矩的行为。

2. 主持人试先在黑板上划定一个范围当作拼盘，然后，告诉同学们将便利贴粘到拼盘内（如图 2-2 所示）。

3. 清理便利贴数量，鼓励未贴的同学大胆地贴上去，直到全部同学贴完为止。

4. 请同学们为这个拼盘取一个名字，然后将名字写在黑板上。

5. 邀请同学上台大声读出所写的内容。

图 2-2 灰色拼盘

问题探究：

1. 在刚才的活动中，当你看到拼盘内的便利贴越来越多时，有什么想法？

2. 试想一个人的不守规矩和一群人的不守规矩可能对自己或群体产生什么样的影响?

3. 回想自己走过的路,因为生活中的不守规矩、不自律,失去过什么?如果让你重新再来,你会选择怎么做?

4. 面对不能倒回的时光以及未来激烈的就业竞争,你需要从哪些方面克服身上的不良行为习惯?

小结:在人生的某个阶段,因为我们与规矩作对,失去了原本属于自己的东西。但时光不能倒流,有些失去的东西不可能再回来。摆在我们面前的路还很长,积极反思,找到自己的不足,重新选择与规矩作伴、与守则同行,让自律成就更好的自己,从而增强自我发展和迎接挑战的本领。

活动3 建立规矩

设计意图:

通过制订班级公约,激发同学们参与班级民主管理,帮助他们增强自律意识,树立起"我的班级 我负责"的观念。

活动步骤:

1. 每小组拿出事先准备好的空白纸。

2. 主持人将班级公约所涉及的内容分成若干个子目,如课堂纪律公约、寝室纪律公约、集会纪律公约、清洁卫生公约、仪容仪表公约、出勤公约、安全公约等方面,由各小组组长以抽签方式确定本小组制订公约的内容。

3. 组长带领组员根据抽到的类别制定自律公约,特别强调,公约一定要符合本班的实际情况。

4. 各小组派代表上台展示本组制定的班级公约(如图2-3所示),邀请其他小组同学提出补充意见。

图2-3 小组代表分享寝室公约

问题探究:

1. 从刚才这个活动中,大家采取了什么样的方式制订班级自律公约?

2. 发挥集体智慧制订班级自律公约会有哪些好处?

3. 班级自律公约的制订、实施与自主管理有何联系?

4. 畅想班级内,人人都遵守自律公约,半年或一年后,自己在同学和老师心目中的印象会发生哪些改变?

5. 当我们以守规、自律的新形象升入大学或走向社会时,迎接自己的将是一种什么样的新生活?

小结:作为新时代的中职生,大家必须明白一个道理:自律是一个人最可贵的修行。在班级生活中,班主任是班级管理的引导者,而每位同学才是班级管理的实施者,人人都应当严格要求自己,按照班级自律公约行事,用自律约束自己,重新塑造良好的个人形象,做好迎接挑战的准备。

(三) 活动小结

1. 主持人小结。俗话说:没有规矩,不成方圆。同学们,通过本次活动,我们明白了守规则、重自律对个人生活产生的重要影响。作为中职生,将来我们要踏入社会,走进职场,成为社会秩序的维护者和职业成功的追求者。为此,我们要敢于正视自己的不足。从现在做起,从身边的小事做起,通过自律提高自我管理能力,让自己的生命重新绽放光彩。

2. 班主任点评。守规矩、重自律是一个人成长过程中非常重要的品质。在本次班会活动中,同学们充分借助自制道具开展守规矩、重自律的教育活动,在体验、讨论、分享中领悟守规矩、重自律的重要性,值得肯定!通过反思查找问题,进一步明确守规矩、重自律对个人成长和集体发展的意义,增强守规矩、重自律的意识,值得点赞!从制订班级自律公约这一环节中可以看出:绝大部分同学都愿意做一名守规矩、重自律的人,老师为此感到十分欣慰!希望同学们做到言而有信,在班级生活中自觉践行班级自律公约,做一名守规矩、重自律的好学生,这是自我负责的最好体现。

本次班会活动基本实现了预定的教育目标。其中,最大的亮点是同学们在活动中积极投入、认真反思、主动立规矩,这些都反映了同学们愿意以一种积极的人生态度去改变自己,纠正自己生活中存在的不良行为习惯,重新获取他人的尊重、老师的信任、家长的肯定等。我相信:只有大家肯坚持,不久的将来一定有人会为你们的付出和收获鼓掌!

六、活动拓展

(一) 智慧加油站

中职生如何增强自律能力?

1. 做到自尊自爱。在生活中,中职生要懂得敬畏规矩、遵守规矩,从修身养性做起,养成良好的行为习惯,不断提高道德境界,做到自我尊重和尊重他人。在为人处世方面,要学会爱惜自己的人格,珍惜自己的名誉,树立良好的个人信誉,不做有损个人形象的事。

2. 签订"监督协议"。主动和同桌或好朋友签订一份"监督协议",一旦违约,按照协议要求自觉接受惩罚。表现优异时,相互鼓励,争取共同进步。通过相互监督提高自控能力，增强自律能力。

3. 积极自我暗示。在违纪行为即将发生时，多做积极的心理暗示，如"这事不能做，它会损毁我的形象""忍住，冲动是魔鬼"等。

4. 学习身边榜样。向身边积极向上的同学学习，主动和他们做好朋友，找出差距，学习他们的积极行为，用正能量带动自身发展。

（二）行为训练营

各小组将制定的班级公约进行整理，交由班委会进行完善，再次征求同学们的意见，形成正式的班级自律公约，每个同学在班级自律公约上签上自己的名字，作出相应的承诺，面对班级自律公约进行一次集体宣誓。

七、学生总结反思摘录

杨笛：作为中职生，我们最缺的就是自律意识，总认为规矩是一种约束，影响了自己的自由。通过本次班会活动，我明白了真正的自由是在规矩约束下的自由。当一个人在生活中不守规律、不自律，不仅会损害个人形象，而且也会给他人造成伤害，影响集体、社会的和谐。当我们学会遵守规则，养成了自律的好习惯时，不仅可以减少麻烦，还可以让自己变得更优秀。

牛唯：一个人学会了自律，才能养成良好的行为习惯，提升做人的品味，提高做事的效率。通过班会课的讨论、交流、归纳、总结，我们全班同学达成了共识：把自律作为修炼个人道德品质的目标。大家集思广益，共同制订班级自律公约，在班集体中营造健康向上的氛围。在此，我为自己生活在这样的班集体而感到骄傲和自豪！

黄意：不自律是我们生活和学习上最大的绊脚石。以前的我们，不习惯受规矩的约束，有些自由散漫，结果让自己在他人心目中的形象大打折扣。这次班会活动，让我明白：只有守规矩、重自律，才能被他人所接纳、认可，才能在前行的道路上越走越远、越走越顺。为此，我要求自己认真践行自律公约的要求，增强自我管理能力，力争做一名自律的好学生。

叶鑫：遵守规矩是我们健康成长的需要，也是社会和谐的需要。然而，在生活中，为了自己的方便和舒适，我们往往忽略了规矩的存在，从而导致我们错失了许多成长的良机。而今，作为一名中职生，要想提升个人形象，就必须加强个人道德修养，努力改掉不良行为习惯，做一名守规矩、重自律的好学生。只有这样，我们的未来才有希望，我们的前途才会更加光明。

第三课　惜生命　远离隐患保安全

名人名言

保持健康，这是对自己的义务，甚至是对社会的义务。

——富兰克林

一、活动背景

在这个世界上是最脆弱的是生命，最宝贵的是健康。当我们忽视了健康，失去了生命，人生会变得毫无意义。然而，一部分中职生对生命健康没有引起足够重视，误把吸烟当作成熟的标志，对毒品充满好奇心，常把发生在别人身上的事故当作故事听，缺乏自我安全保护意识，对身边的危害缺少防备心理，喜欢用极端的方式处理人生挫折，把生命健康当作儿戏。因此，有必要对中职生加强珍惜生命、远离安全隐患的教育，增强他们的安全意识，让他们自觉守护好生命健康。

二、活动内容

远离香烟、拒绝毒品、防意外伤害。

三、活动目标

1. 让学生了解香烟的危害成分，领会青少年吸烟的危害，增强自我保健意识，引导他们养成健康生活的好习惯。
2. 让学生了解毒品的相关知识，领会吸食毒品带来的危害，增强学生拒绝毒品的意识，自觉抵制毒品的诱惑，守护好生命健康。
3. 让学生了解意外伤害的后果，分析意外伤害产生的原因，增强学生防范意外伤害事故的法律意识，自觉运用意外伤害的防范技巧，增强自我保护能力。

四、活动准备

1. 设计调查问卷并上传网络平台。
2. 收集毒品知识，下载音乐并准备游戏活动道具（VR眼镜、耳机和脉动电击器）。
3. 收集案例及相关文字材料。

五、活动过程

（一）活动导入

同学们，我们的生命只有一次，它不仅珍贵，也很脆弱，一份好奇心、一次不经意的疏忽和盲目的冲动，都可能让它受到很大的伤害，甚至消失。生命如一泓清泉，要想让它永流一生，我们必须懂得珍惜它、呵护它，把珍惜生命、关爱健康作为终身的责任和义务，以积极、健康的方式快乐生活，让我们的生命有价值、有意义。

（二）体验·探究·分享

活动1　远离香烟

设计意图：

通过问卷调查和问题探究，掌握同学们对吸烟问题的认知情况，引导他们分析吸烟的原因，以便有针对性地实施戒烟教育。

活动步骤：

1. 课前设计问卷调查表并上传至网络平台。
2. 同学们在网络平台上如实填写问卷调查表（如图3-1所示）。

中职生吸烟情况问卷调查

1. 你的家庭成员有吸烟的吗？
   A. 全部都吸烟　　　　B. 大部分吸烟　　　C. 少部分吸烟　　　D. 都不吸烟
2. 你第一次吸香烟是在什么时候？
   A. 幼儿园　　　　　　B. 小学　　　　　　C. 初中　　　　　　D. 高中
3. 你购买的香烟价格的价位一般是多少？
   A. 20元一包　　　　　B. 15元一包　　　　C. 10元一包　　　　D. 5元一包
4. 你吸烟原因是什么？
   A. 好奇　　　　　　　B. 缓解压力　　　　C. 受家人影响　　　D. 不良交往心理
5. 你在公共场所吸烟吗？
   A. 经常　　　　　　　B. 偶尔　　　　　　C. 从来不
6. 你知道香烟的主要成分有哪些吗？
   A. 尼古丁　　　　　　B. 丙酮　　　　　　C. 一氧化碳　　　　D. 焦油
7. 你知道香烟的主要危害有哪些吗？
   A. 引发肺癌等癌症疾病　B. 患慢性哮喘病　　C. 心脑血管疾病　　D. 胃溃疡
8. 你是否经常被迫吸二手烟？
   A. 经常　　　　　　　B. 偶尔　　　　　　C. 几乎没有
9. 你认为吸二手烟对身体有害吗？
   A. 有害且非常大　　　B. 有害，比较大　　C. 有害，但极小　　D. 无危害

图 3-1　同学们认真完成问卷

问题探究：

1. 通过问卷，你了解香烟的有害成分是什么？二手烟的危害因素有哪些？
2. 吸烟对青少年的生命健康以及家庭和社会带来怎样的影响？请举例说明。
3. 生活中可以选择哪些替代品或健康的生活方式解决吸烟问题？这些方法对生活带来哪些有益的影响？
4. 作为青少年，应当从哪些方面拒绝香烟的诱惑？

小结：事实证明，香烟成为生命健康的主要杀手之一。为了维护自己和他人的身心健康、家庭的幸福以及公共卫生安全，青少年要自觉养成不吸烟的生活习惯，尽好呵护生命健康的责任。

活动 2　拒绝毒品

设计意图：

通过直观体验，让同学们了解毒品的危害，增强自我防范意识，主动拒绝和远离毒品。

活动步骤：

1. 主持人讲解有关毒品的知识（如图 3-2 所示）。

图 3-2　认识毒品

2. 体验者在主持人指导下开展魔幻体验活动。
(1) 戴上禁毒 VR 眼镜、耳机和脉动电击器。
(2) 主持人播放与 KTV 相近的劲爆音乐，瞬间让体验者置身于"假想"的灯红酒绿场所中，体验那种吸毒后的快感与幻听的感觉。
(3) 同伴与体验者玩抛球游戏，其余同学观看并记下体验者的反应，可用视频录下这些反应放到录屏上展播。

备注：根据时间，可邀请多位同学参与体验。

问题探究：
1. 通过刚才的分享，请你说出三点记忆深刻的毒品知识。
2. 在刚才的魔幻体验中，你感受到了真正的快乐吗？为什么？
3. 想想吸食毒品会给自己、家人及社会带来什么样的危害？
4. 未来的生活中，如何防范毒品的诱惑？

小结：毒品是人类社会的公害，它不仅仅危害着广大青少年的身心健康，而且严重威胁着社会安定，影响经济发展和社会进步。因此，青少年应当具备防毒意识，珍爱生命，拒绝毒品，健康生活。

活动 3　防意外伤害

设计意图：
通过案例分析，引导同学们找出发生意外事故的原因，并针对案例提出规避意外事故或减少意外事故的方法。

活动步骤：
同学们对意外伤害的相关案例进行分享（如图 3-3 所示）。

图 3-3　案例分享

1. 分享案例一：不该发生的意外

某职业中学，高一汽修班男生王某在上体育课时，与同学一起踢足球，在接一高球时，不小心用力不当，仰翻摔倒在地，后脑勺被门柱重重地碰撞了一下，他躺在地上短暂的休息一会后，继续踢球，直到放学回家，什么也没发生。晚上，王某突然头晕，以为自己感冒了便早早休息。第二天，坚持上学，并和同学在大课间继续踢球。到了下午，他感觉自己头晕有些支撑不了，便向老师请假。老师与家长沟通后，同意他回家休养。王某到家后，躺在床上，越来越难受。于是，家长将王某送往医院。医生检查后，发现王某情况紧急，要求家长转至大医院。而不幸的事还是发生了，王某受撞后脑部有积血，由于没有及时得到救助，出现了脑积血并发症，几天后，王某身亡。事发后，家长要求学校对王某的死亡承担责任。

2. 分享案例二：凋谢的生命

肖某来自重庆市黔江区的一个农村家庭，是家中的独子。父母长年在外打工，自幼跟着爷爷奶奶生活，因缺少严厉的管教，养成了许多不良习惯，安全意识特别差。初三毕业后，经熟人介绍来到了主城的一所职业学校读书。原本调皮的他，面对新环境更是肆无忌惮，过马路经常无视红绿灯，周末经常偷偷溜进网吧，约朋友一起酗酒，天热时跑到长江边游泳。对安全如此漠然的他，也出现过一些意外，一次因闯红绿灯被撞受了皮外伤，因偷偷进网吧、酗酒、吸烟等受到校纪处分。2015年6月，中秋节放假期间，气温突然高升，住在同学家的肖某完全忘记班主任的安全提醒，与同伴私自下河游泳，一天去两三次。6月9日，肖某在河中游泳时，遇上了急流，被河水越冲越远，不一会儿，同伴便不见肖某踪影。在隐瞒一天后，同伴将事情告诉老师。此时，肖某已在河中失去了踪影。父母得知情况后，急冲冲地赶来学校，望着滔滔江水，悲痛欲绝。一个鲜活的生命因自己的无视，就这样消失了。肖某父母将儿子的失踪责任推卸给学校，要求学校承担巨额赔偿。当地公安介入调查，获知学校做到了安全告诫，不承担任何责任。几年后，在长江湖北宜昌段的河边发现了遗骸，经DNA比对，确认是肖某。

问题探究：

1. 两个意外事故分别给当事人带来了什么样的不良后果？据你所知，生活中还有哪些常见的意外伤害类型？

2. 请用事实分析哪些原因会造成意外伤害事故？在这些诱发因素中，哪些是可以避免的？哪些是可以通过科学的防范手段预防的？

3. 结合法律知识分析，在校园意外事故中，哪些是学校应该承担的责任？哪些不是？因学校原因发生的意外事故该如何维权？如果不是学校原因造成的意外伤害，家长采取了不正当的维权手段应当受到什么处罚？

4. 在日常生活中，为防范意外事故的发生，要做好哪些心理准备？采用哪些方法可以化险为夷？

小结：人们常说，天有不测风云，人有旦夕祸福。意外事故的发生有自然因素，也有人为因素。为了减少意外事故带来的伤害，大家要增强自我防范意识，掌握更多预防意外事故的技巧，让生命健康不再因自己的疏忽而受到伤害。

（三）活动小结

1. 主持人小结。同学们，人的生命只有一次，它既珍贵又神圣。每个人对待生命的态度决定着生活的幸福程度甚至是生命的长度，凡懂得细心呵护生命的人，不仅生活的幸福指数非常高，还能延长生命的长度；而那些缺少守护生命健康意识的人，生命健康会在个人的疏忽或践踏中凋零。对待生命，我们要怀着一颗敬畏之心，珍惜它所存在的每分每秒。生活中，拒绝一切伤害生命的诱惑和不良情绪，时时处处提高守护生命健康的警惕，做好安全防范，让我们的生命因呵护而顽强，因顽强而美丽。

2. 班主任点评。关爱生命，远离伤害，这是每个人生存和发展中义不容辞的自我责任。本次班会活动同学们从远离香烟、拒绝毒品、防意外伤害三个方面开展了生命教育活动。首先，采取问卷了解大家关于香烟问题的基本情况，增强了禁烟教育的针对性。其次，通过魔幻体验让同学们感受吸食毒品的危害，加深了同学们对毒品危害的认识，起到了很好的教育效果。最后，对意外事故案例进行解读，用身边的故事引发同学们对预防意外事故的思考，增强了安全教育的效果。

本次班会活动作为一堂生命教育课，意义十分重大。生命健康的守护不仅是一个人的事，它还关系着家庭的幸福和社会的和谐。当一个人的生命健康受到重大损失，它不仅是个人的不幸，是家庭的灾难，也影响着社会的和谐。在生命健康发生意外前，我们要做好安全防护，减少意外伤害发生的频率，当意外不幸发生时，我们要主动采取及时的救护方式，切忌用非理性的方式造成生命健康的二次伤害。

六、活动拓展

（一）智慧加油站

1. 中职生如何拒绝毒品诱惑？
第一，拒绝吸烟，养成良好的健康习惯。
第二，不进酒吧、舞厅等娱乐场所。
第三，不交酒肉朋友和社会游散人员。
第四，不接收陌生人的烟、食品或饮料等。
第五，遇事要冷静，想办法自救和向他人求救。
2. 中职生如何培养良好的安全习惯？
第一，提升安全意识，从小事做起。
第二，遵规守矩，服从安全管理。
第三，改掉安全陋习，时时把安全牢记心中。
第四，认真参加安全防范演练，掌握安全防护技巧。
第五，主动控制不良情绪，杜绝情绪污染引发的意外事故。

（二）行为训练营

1. 以小组合作的方式设计"我的安全，我负责"海报或宣传标语，评出优秀作品用于全校宣传。
2. 自学《中职生紧急避险与安全自救》一书，掌握安全自救知识。

七、学生总结反思摘录

林宏韬："生命没有彩排"，我们每个人都要时刻对自己的生命安全负责，因为只有我们平平安安的，那些深爱着我们和我们深爱着的人才能真正地获得幸福！本次班会活动给我们敲响了安全的警钟,无论任何时候,我们都要把珍惜生命、远离伤害放在第一位,在安全隐患面前切勿抱任何侥幸的心理。珍爱生命,是我们做一切事情的前提和基础。

何义阳:人的生命只有一次,我们要珍爱生命,懂得如何防患于未然。通过这次班会,加深了我对生命守护的认识。生活安全隐患有很多,因此我们必须学习更多避免安全隐患的常识,掌握有效防范安全隐患的技巧,并做到学以致用,无论何时何地,我们都要记住生命安全永远是第一位。

黄落梅:有人说,生命历程原来是一场无法回放的绝版电影,它无法重播。人的生命只有一次,我们要懂得善待,不仅为自己而活,更要为爱我们的人而活。生活中有很多不可预测的事情,但哪怕自己遇到再大的挫折,都不要做出伤害生命的举动。好习惯是可以养成的,情绪是可以自控的。切忌拿生命当儿戏,任何无视生命的行为带来的不是快乐,而是灾难。珍爱生命,守护健康,让我们往后余生留下更多美好的回忆。

丁小青:身体是革命的本钱,守护生命健康是人生中最大的责任。我们正值身体成长的关键期,要主动拒绝吸食香烟,养成健康的生活方式。在生活中,要谨慎交友,远离毒品。只有牢牢守住生命安全的防线,我们的生命健康才会减少损失。在这里,我想提醒自己,也告诉大家:在生命面前,切忌幼稚和冲动,要用积极的心态和健康的行为呵护好自己的生命。

第四课 重学业 一技在手行天下

名人名言

人不光是靠他生来就拥有一切，而是靠他从学习中所得到的一切来造就自己。

——歌德

一、活动背景

人一生有三份大"业"，即学业、事业、家业。事业需要学业打基础，家业需要事业来支撑。可见，学业、事业、家业密切相关。倘若荒废了学业，便成就不了事业，更谈不上有兴旺的家业。对中职生而言，中职阶段的学习是非常难得的机会，这个阶段的学习效果如何将直接影响着未来的发展。因此，改变中职生的学习态度，增强中职生对知识和技能学习的信心十分必要。

二、活动内容

了解职场需求、主动寻找差距、实施自我激励。

三、活动目标

1. 让学生知道职场选用人才的标准，领会学习知识和技能的重要性，激发学生的学习热情，增强学生的学习信心，引导学生结合专业制定相应的学习目标。
2. 让学生了解自己在学习方面的优势和劣势，领会发挥优势助推自己成长成才的重要性，激发学生的学习潜能，引导学生主动发挥特长，学好专业。
3. 让学生明白自我激励是获得成长的方法，领会自我激励对个人成长成才的意义，激发学生主动成长的动力，引导学生在自我激励中提高自己的学业水平。

四、活动准备

1. 每位同学收集一则招聘信息。
2. 下载视频（《大国工匠》之陈行行）。
3. 做好向同学们解释 SWOT 分析法的准备。
4. 准备空白书签。

五、活动过程

（一）活动导入

2016年9月，教育部颁布了《中等职业学校学生公约》（以下简称《公约》），《公约》明确提出了"爱学习，有专长"的要求，这既是提中高职生综合素质的重要内容，也是中职生完善自我、实现人生价值的重要保障。因此，作为新时代的中职生，必须热爱学习，努力掌握一技之长，才会获得走向成功职业生涯的"入场券"，为成家立业打下坚实的基础。

（二）体验·探究·分享

活动1 了解职场需求

设计意图：

通过了解职场招聘和观看大国工匠视频，让学生从职业发展角度，做到知己知彼，明确热爱学习、拥有专长对于个人成长和发展的意义，引导他们主动寻找发展目标。

活动步骤：

1. 前后四人一组交流招聘信息，并按学习和专长进行分类整理，然后派代表进行分享。

2. 观看视频（《大国工匠》之陈行行），要求每位同学在观看中记录大国工匠的姓名、年龄、学历、专长、优秀品质，然后，邀请同学分享记录成果（如图4-1所示）。

图4-1 同学们认真观看视频

问题探究：

1. 从大家分享的招聘信息来看，发现用人单位对学历和专业都有哪些共同的要求？这些要求让你想到了什么？

2. 结合陈行行的故事思考：
（1）陈行行哪些方面能力和素质与职场对人才素质的要求是匹配的？
（2）陈行行之所以能成为最年轻的大国工匠，成功的秘诀是什么？
（3）陈行行在成为大国工匠过程中，职业资格证书发挥了怎样的作用？
（4）陈行行从一名普通的技校生成为大国工匠的事迹带给你什么样的思考？

3. 如今，已是中职生的你，打算在校期间考取哪些职业资格证书？如何去实现考证目标？

小结："物竞天择，适者生存。"这是职场生存永不变的法则。要想在未来的职场生活中谋求一席之地，就必须了解职场的人才选用标准，清楚哪种人最受职场欢迎。了解社会需求，明确学习目标，才能赢得未来。

活动2　主动寻找差距

设计意图：

通过自我剖析，引导同学们充分认识自己在学习中存在的优势和劣势，分析发展中所面临的机遇和挑战，增强成才的信心。

活动步骤：

1. 主持人向同学们介绍SWOT分析方法：S（strengths）代表优势、W（weaknesses）代表劣势、O（opportunities）代表机遇、T（threats）代表威胁。S、W是内部因素，O、T是外部因素，使用这种方法能够更好地寻找自己的核心竞争力。

2. 以小组为单位，以陈行行事迹为例，尝试用SWOT分析方法进行分析，派小组代表对分析结果进行分享。

3. 使用SWOT分析方法进行自我剖析，并根据剖析制定出个人考证规划（如图4-2所示），选取代表进行分享。

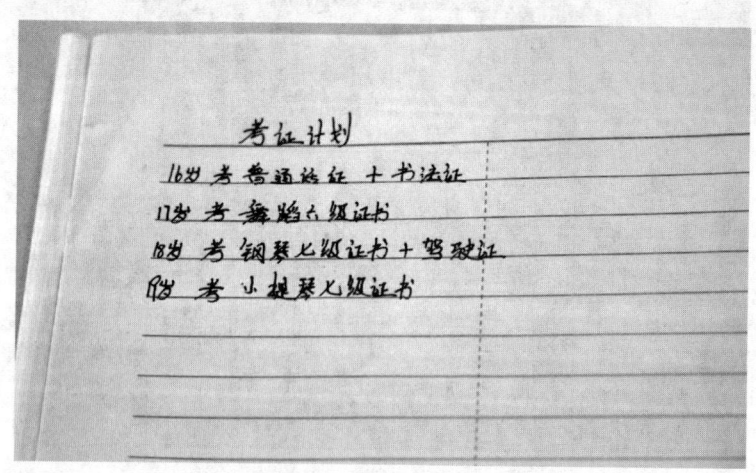

图4-2　刘双的考证计划

问题探究：

1. 通过SWOT分析，你发现陈行行最大的优势是什么？陈行行在学习和工作中主动发挥优势让他收获了什么？

2. 通过 SWOT 分析，你对自己最满意的地方是什么？如果从现在开始，你发挥个人优势，将会收获什么？

3. 自己的考证计划与他人有何不同？你打算怎样发挥个人优势培养专业特长？

小结：金无足赤，人无完人。只要我们敢于正视自己，主动扬长避短，最大化地发挥学习潜能，不断提高自己，完善自我，通过努力学习和训练，便会拥有实现人生目标的机会。

活动 3　实施自我激励

设计意图：

通过收集材料和动手制作书签，引导同学们采用自我激励的方法，重拾学习的信心和勇气。

活动步骤：

1. 主持人向每位同学发一张空白书签。

2. 每位同学在空白书签上写一句激励自己的话（如图 4-3 所示），并在小组内进行交流分享。

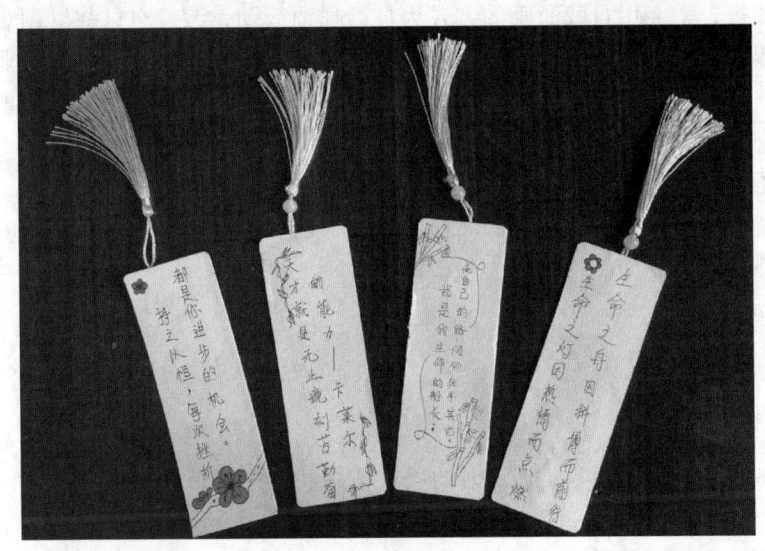

图 4-3　同学们制作的书签

3. 每个小组选派一名代表进行全班交流分享。

备注：活动结束后，每个同学将书签收藏起来，用它时时激励自己努力学习、培养专长。

问题探究：

1. 通过制作书签与交流分享，你的心态发生了什么样的变化？

2. 请举例说明在自我激励中走向成长成才的事例，这个事例让你明白了什么道理？

3. 面对现在的学习困境，你打算如何从自我激励中奋起？

小结：面对学习的困难，你可以选择后退，也可以选择前行。但要记住，后退永远没有出路，只有前进，才会看到光明。在前进道路上，自我激励是一个人迈向成功的引擎。

发动引擎，朝着成功的方向前进，你将会收获无限的惊喜。

（三）活动小结

1. 主持人小结。同学们，基础太差不能成为我们懈怠学习的理由，年纪还小不能成为我们挥霍青春的借口。如今，我们身在一个竞争激烈的社会，就业难度较大，这是一个不争的事实。但社会各行各业都需要一批有技术专长的人才，这就是我们中职生应当把握的好机会。人们常说："机不可失，时不再来。"请同学们以陈行为榜样，利用在校学习的大好时机，练好本领，提升自我，为迎接社会的挑战做好充分的准备。

2. 班主任点评。学习是每个人未来谋求生存和发展的客观需要，是增强个人社会竞争力的重要手段。本次班会活动，同学们主动了解职场用人标准，根据职场需求初步设计自己的考证计划，值得点赞！绝大多数同学能正确认识自己，发现自己的长处和短处，主动寻求发展机遇，这种积极的人生态度，值得肯定！

我们要知道，规划是迈向新征程的行动指南，但绝不代表梦想已经实现，它是一个需要持久努力奋斗的过程。与此同时，在我们前行的路上，每个人都会遇到各种困难和挫折。在遭遇困难和挫折时，我希望每位同学们都要有健康、积极的心态，勇敢面对前行中那些困难和挫折，学会用自我激励的方式为自己加油鼓劲，激发自己战胜困难的信心和追求成功的欲望，脚踏实地地学好知识，掌握过硬的专业本领，为将来求职择业做好充分的准备。在此，希望同学们在今后的学习生活中，时时不忘初心，牢记使命，朝着个人规划的目标勇往直前。

最后，还想提醒大家一句：计划不如变化快。在实施个人考证规划中，学会顺应时势，及时调整和完善规划的内容，使之变得更加合理、科学，增强规划实现的可能性。

六、活动拓展

（一）智慧加油站

中职生如何克服学习和专业训练时的畏难情绪和懒惰习惯？

1. 调整学习心态

明确学习是成长的需要，时刻牢记："今天有多努力，明天就有多幸运""今天吃得了学习的苦，明天才能品尝生活的甜"。

2. 采用科学方法

（1）积极暗示。在学习中，有人总会暗示自己："我不会""我不能""不想学"等，这些消极的暗示势必减弱学习的信心。建议大家用积极的语言暗示自己，如"试一试""我可以""还不错"。

（2）学习榜样。多阅读书籍，了解社会，关心身边的事。从中寻找自己的学习榜样，向优秀人物和身边的优秀同学学习，取他人之长补自己之短。

（3）循序渐进。每天给自己确定一个小目标，从最容易的地方开始学习和训练，感受成功的快乐。不断积累，进而厚积薄发。

（4）积极参与。要想在中职阶段赢得逆袭的机会，就必须变被动学习为主动学习，经常与老师、同学探讨问题，利用课余时间强化专业训练，掌握未来发展所需的知识和技能，增强学习能力。

（5）主动反思。每天睡觉前，问问自己："今天，我收获了吗？""今天，我还有哪些没有弄明白？""明天我还可以怎么做？"

（二）行为训练营

结合职业生涯课程的学习，制订出一份完整的个人职业生涯规划，重点拟定好落实个人职业生涯规划的措施。

七、学生总结反思摘录

王秋霞：这次班会活动让我明白两件事：一是社会发展越来越需要有学习能力和专业特长的人才，如果今天我们放弃学习，在未来就会失去许多发展的机会，二是学习不再是一件恐怖的事。俗话说："尺有所短，寸有所长"。每个人都有自己的长处和短处，作为中职生，在文化知识学习方面，我们确实不如他人，但专业的学习可以发挥我们的专长。只要我们端正学习态度，充分挖掘学习潜能和个人特长，像陈行行那样，利用别人玩乐的时间来学习，努力追求自己的梦想，这样的职校生活是非常有意义的。

熊婷婷：人生的每一步都是一个选择题，每一个选项通向的是不同的道路。我选择了职业学校，能给我未来创造发展机会的选项只有一个：那就是努力，努力，再努力！因为只有努力，才有改变人生的机会。从现在起，我要努力在自我激励中找回迷失的自己，为自己定一个合理的目标，选择好前行的方向。任何时候都做到永不言弃，相信总有一天，成功会因我的努力而如期到来。

李琴：职业学校学习的时间非常短暂，如何让自己在未来的职场竞争中拥有一席之地，这是我们当下不得不思考的问题。陈行行，作为一名技校生，通过自己的努力成功逆袭。他的故事告诉我，成功是需要付出的。在同样的年纪，谁懂得了付出，谁就可能赢得未来。认识自我，发挥优势，确定好适合自己的发展目标，并用实际行动去实现美好的梦想，让年轻的时光不再因懒惰而荒废。

周琪维：我原本是一个没有自信的人，总认为自己什么都比别人差。通过SWOT分析，我发现自己的优点那么多。性格开朗、活泼，有耐心，喜欢和小朋友打交道，擅长画画，书法也不错，这些都是一个幼儿教师应当具备的素质。如今，我选择了幼儿教育专业，一定要在学习中好好发挥自己的优势和特长，练就过硬的专业本领。相信：未来的我也会变得越来越优秀。

第五课　护青春　微笑走过花季路

名人名言

早开的花终将结出苦涩的果，在对的时间遇见对的人，才是幸福。

——甄帅

一、活动背景

中职生正值青春期，随着生理和心理逐渐走向成熟，在异性交往方面产生了别样的情感。在处理异性关系中，会迷茫、烦乱和冲动，分不清友情和爱情的界限，从而导致早恋现象发生，有的做出了超越道德底线和个人心理承受能力的事，这不仅影响中职生的健康成长，也会对中职生的身心造成巨大伤害。因此，要加强中职生青春期性教育，帮助他们正确对待和处理异性交往问题，正确识别早恋的危害，在异性交往中学会保护自己，微笑走过人生的花季之路。

二、活动内容

爱的萌动、爱的烦恼、爱的选择。

三、活动目标

1. 让学生知道异性情感的产生是自然的，领会异性间不同的情感认知带来的影响是有所不同的，引导学生清醒地划清友情与爱情界限。

2. 让学生知道不成熟的恋爱必然会增添烦恼，领会超越底线的早恋是一种害人害己的行为，正确对待和处理好异性情感。

3. 让学生知道什么才是正确的爱情价值观，领会爱情价值观必须与现实生活和社会价值观保持一致，引导学生懂得知荣知辱，在正确的爱情价值观引导下提升自我，为将来获取真正的爱情奠定基础。

四、活动准备

1. 每个同学准备一张 A4 纸和一支铅字笔。
2. 收集典型案例，发送到班级钉钉群。
3. 准备竞拍道具等活动用具。

五、活动过程

（一）活动导入

同学们，青春是个多梦的季节，也是一个苦恼的年华，它如一个色彩缤纷的花季，也像一个烟雨蒙蒙的雨季。在这个特殊的季节里，异性交往是不可避免的话题。倘若我们带着阳光、健康的心态交往，你会收获珍贵的友谊，反之，那种无知和缺乏理性的交往会让青春蒙上一层灰暗的色彩。

（二）体验·探究·分享

活动1　爱的萌动

设计意图：
通过引导同学们自然表达对异性交往的真实感受，帮助他们正确看待和处理异性交往中的情感，理性区分友情和爱情。

活动步骤：

1. 主持人向同学们介绍九宫格思维法，并举例说明。
2. 主持人设置场景：当你走在路上，看到一个美女或帅哥从你身旁经过，会产生哪些想法？
3. 主持人要求同学们拿出已准备好的A4纸和笔，采用九宫格思维法填出自己最真实的想法（如图5-1、图5-2所示）。

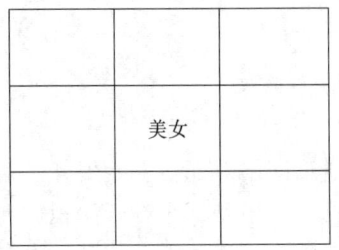

图5-1

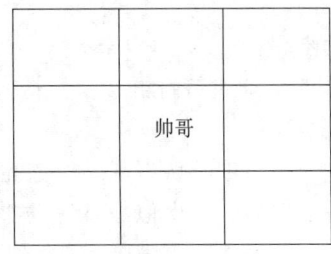

图5-2

备注：男生填图5-1，女生填图5-2。

4. 同学们填好信息后在组内分享，每位小组选1—2名同学进行全班分享（如图5-3所示）。

问题探究：

1. 在刚才的活动中，大家对于异性所产生的感受是否正常？为什么？
2. 在与异性交往中，对方仅仅是好感，你却错把它当作爱情，这种误解带来的后果是什么？
3. 在与异性交往中，如何区分什么是友情，什么是爱情？

图 5-3 代表分享

4. 在与异性交往中,当爱情的诱惑在不该来时突然出现了,正确的处理方法有哪些?

小结:青春带着雨露走来了,悄然而至的情感原本是美好的,但它有可能会打乱你的生活节奏。如果你分不清友情和爱情,便会在雨露中迷失方向。在此,我想告诉大家:抵住了爱情的诱惑,你才会赢得与别人赛跑的时间。

活动 2 爱的烦恼

设计意图:

通过案例分析,让同学们明白花开会有时,爱情是需要条件的,时机不成熟的恋爱注定是失败的。

活动步骤:

1. 同学们通过钉钉群接受主持人发送的案例,并认真阅读。

案例描述:

小林通过打网游认识了一位漂亮女生,于是,他通过网络对那位女生展开了猛烈的追求,几番下来后,女生似乎对他有些心动,两人约定见面。于是,小林开始积极准备,此时的他既兴奋又迷茫,满脑子都是两人见面时的欢快情景。接连几天,他都一直在策划见面的方案:布置一个浪漫的场景,给女孩购买一件贵重的礼物。然而,要实现这个方案,首先,他需要一笔钱,自己平时没积蓄,家里人不可能支持他,向同学借钱又怕还不上;其次,这个浪漫的场景该选在什么地方合适,既不能太张扬,又要让女孩满意;再次,他不清楚买什么样的礼物才能让女孩喜欢。这些事着实让他十分苦恼,连续几天,他茶饭不思,做事有些心不在焉。家长和老师觉察到他的变化,关心地询问他,但他没有说出来,只是撒谎说自己身体有些不舒服,因为他怕挨骂。原本他打算将这事告诉自己的好朋友。然而,他又担心,事情没办成,说出去会被人笑话。于是,他独自承担着这份爱情给他带来的烦恼。眼看约定见面的时间到了,自己什么都没有准备好,内心有些狂躁,那天因为做清洁的事被班干部告状,为发泄自己的不满,他将垃圾放入那位班干部的抽屉里,后来,再次受到老师的严厉批评。几天后,那个女孩告诉他,自己已经交往了一个新男朋友,并发了一张背影图给他,不管女孩的说法是真是假,小林认为自己没有脸面去见她了,心里非常失落和苦恼。这次原本充满期待的约会,就这样泡汤了。后来,在一次朋友聚会上,小林意外地与那个女孩见面了,两人因为共同的话题而相互吸引,之前的那场约会虽没成功,但两人因为期待变成现实而显得格外重视,小林大胆地向朋友借钱,带着女孩走进了宾馆,两人从此变得异常亲密。两个月后,女孩突然告诉小林,自己可能怀孕了,小林听后,整个人都懵了,于是撒腿就跑。事后,他想回到女孩身边,和她一起共同面对问题。他接连找了好几天,都没有女孩的踪影。据说女孩在朋友的帮助下到医院做了堕胎手术,养了几天后就离家出走了。半年后,那个女生带着一帮社会青年出现在他的面前,将小林打进了医院。在医院疗伤的小林向自己的好朋友坦白:谈一场恋爱怎么这样难!

2. 将案例中主人公所发生的烦恼用红色线条标注出来,并进行小组讨论(如图5-4所示)。

图5-4 小组共同探究问题

问题探究:

1. 恋爱本是一件甜蜜的事,为什么小林会出现那么多的烦恼?
2. 在这场恋爱中,小林和女孩各受到了什么伤害?这种伤害值不值得?为什么?
3. 在与异性交往中,无论是男孩还是女孩,哪些底线是不能触碰的?如果触碰了这些底线,会带来什么样的后果?
4. 在男女交往中,有哪些有效的方法可以帮助你主动驾驭情感?

小结:早恋犹如五月的柑橘,味道是酸涩的。在不该采摘的季节触碰它,必然是自寻烦恼。没有道德底线的早恋不会有什么好结果,反而会带来更大的伤害,甚至可能触犯法律。青春是成长的好时机,主动驾驭好男女情感,用奋斗为青春添彩。

活动3 爱的选择

设计意图:

通过拍卖,帮助同学们树立正确爱情价值观,使之更理性地对待早恋问题。

活动步骤：

1. 主持人在黑板上粘贴一张大白纸，全班商议，写出大家心中认为最具价值的爱情理由，如对方有钱、共同的兴趣、长相出众、有责任等，写完之后，大家挑出 10~20 个典型的理由作为竞拍的标的物。

2. 主持人可邀请一位同学当拍卖师，一位同学监督拍卖过程。

3. 拍卖师讲解拍卖规则：假定每人手中有 100 万元，开始进行爱情价值观拍卖时，起价不低于 10 万元，每次加价不少于 5 万元，不能一次性出价 100 万元。

4. 拍卖师宣布拍卖活动开始，同学们参与拍卖，直至拍卖品全部拍完为止，主持人在黑板上及时公布拍卖标的物的拍卖价格。

5. 找出拍卖价格最高的爱情理由和价格最低的爱情理由，并请两位获得者交流感想。爱情价值观拍卖会的过程如图 5-5 所示。

图 5-5　爱情价值观拍卖会

问题探究：

1. 在本次拍卖中，最具价值的爱情理由与我们今天的实际生活相符吗？什么是正确的爱情价值观？

2. 为什么说理想的爱情观必须与现实爱情观保持统一才能收获幸福？请举例说明。

3. 在刚才大家所选择的爱情价值观中，哪些爱情价值观是值得称赞的？哪些爱情价值观是错误的？用错误的爱情价值观去对待感情会带来什么样的后果？

4. 为了将来能获取一份真正属于自己的美好爱情，现在应该怎么做？

小结：正确的爱情价值观不仅是成才的重要前提，也是未来恋爱成功、婚姻幸福的必要保证，同时，也是个人人格完善、成就事业的必要条件。建立在崇高理想基础上的爱情价值观是纯真的、牢固的，它使双方愉悦、幸福，人格深化，是催人上进的力量。

（三）活动小结

1. 主持人小结。青春无论是花季，还是雨季，它都值得我们去呵护。在漫长的人生道路上，青春是无法跨越的阶段。只有懂得珍惜，懂得呵护，与异性间保持健康的交往方式，正确接收爱的讯号，青春的花季才会少些烦恼、少些风雨，多些欢笑、多些阳光。在适合的时间里做自己最紧要的事，才能为未来收获最美的爱情铺好一条坚实的路。

2. 班主任点评。青春对每个人来说都是宝贵的，青春的情感是美好的、值得珍惜的。在本次班会活动中，同学们进行了青春期情感自我教育，效果较好。同学们初次使用九宫格分析法描述内心的真实情感，显得特别兴奋。从事实上看，对于正处在青春期的同学们来说，公开地进行两性关系的脱敏教育是非常必要的，它可以帮助大家划清友情和爱情的界限，提高早恋的免疫力，学会与异性保持正常交往，从而建立真诚质朴的友情。活动中分享的案例取材于生活，引发了大家的共鸣，让同学们意识到了品尝早恋苦果的危害，改变了同学们对早恋问题的认知。爱情价值观大拍卖把主题班会引入高潮，同学们罗列出了许多与爱情有关的价值观，通过拍卖体验、问题探究、交流分享，达成了共识：只有正确的爱情价值观，才能让自己收获一份甜美的爱情。

当然，处理青春期男女情感问题绝不是靠一节班会活动能解决的。在形成正确认知的基础上，还需要用时间去消化，升华为正确的爱情道德情感，并将其落实到行动中，理性处理好男女交往中的情感关系。请同学们时时记住：沉溺于幻想，你将会失去对情感的掌控力。因为，今天的你阅历太浅，没有足够的能力去寻找伴你一生的那个人。感情不稳定，何来永恒？经济尚未独立，何来保障？责任不能承担，何来真正的爱情？建立在沙丘上的高楼容易被风吹散，同样，建立在幻想基础上的爱情无法经受住生活的考验。

六、活动拓展

（一）智慧加油站

正确对待一场不成熟或不理智恋爱的方法是什么？

1. 勇敢地拒绝不合时宜的非分要求。由于进入青春期的男女生理发育趋近成熟，对于性的好奇和渴望越来越强烈。早恋的男女特别容易跨过那道不能逾越的鸿沟，发生性行为，最后会酿成苦果。因此要树立正确的性道德观，增强自控能力，安全度过美好的青春。

2. 男女生交往应该把握好尺度。男女生在交往时要避免和异性单独相处，发生任何意外时，应该多与老师、家长沟通交流。

3. 学会如何爱自己和他人。只有懂得爱自己的人才会懂得怎样去爱别人，在恋爱中才不会迷失了自我。爱自己要学会尊重和珍惜自己的感情。抱着游戏人生的心态，滥用自己的感情，这是对自己不尊重的表现。学会爱他人，不是一时冲动，只有懂得怎样去爱他人，才会得到别人的爱。爱他人，就要了解和尊重自己所爱的人并对所爱的人负责。

4. 做好准备，等到自己成熟时再去爱。"持子之手，与子偕老"是大多数人都向往的爱情结局，只有当我们具备了爱的能力，才能够更好地经营自己的爱情，才能让自己的爱情变得更加持久。

（二）行为训练营

在以下两个方案中二选一：

方案1：布置同学们作画，具体要求是：先用左手单独画圆，右手单独画方，然后再左右手同时画，画的内容保持不变，即左手画圆、右手画方，然后让同学们展示画画的成果并分享画画的感受。

方案2：让同学们思考自己近期最想做且又很棘手的两件事，而且这两件事都需要同时在一周之内的时间去完成，思考清楚后，立马行动去做。周末结束时，班委统计大家完成的情况并在班会课上公布，邀请代表分享感受。

以上两个活动的主要目的，是让同学们明白一个道理：同一时刻，一心不能二用，否则得不偿失。对于中职生而言，学习比恋爱更为重要，努力学习，提升自我，才能为恋爱积累资本。

七、学生总结反思摘录

文仁城：走进青春的花季，我们忽然发现成长多了些期许，也多了些意外的烦恼。在这节班会活动中，我们认识到了友情与爱情、爱情与好感的区别。在与异性交往中，要正确对待他人的"爱慕"信息，学会控制自己的情感。在爱情的诱惑面前，态度鲜明，立场坚定，不给他人传递错误的信息。现阶段，我们的主要任务是学习和提升，为将来收获一份美好的爱情储备资本。

付美玲：作为中职生，我们要时时告诫自己：过早坠入爱河容易迷失方向，种下必然会是"苦果"，它不仅影响我们的身心健康，还会阻碍我们的发展。生活中，我们不应把"异性相吸"当作是早恋的理由，而应充分利用"异性效应"提升自我、完善自我，获取更多的知识营养，练就一身过硬的本领，增加人生的阅历和资历，为将来遇见更美的爱情创造有利的条件。

周於霜：早恋是我们生活中一个不能回避的话题。揭开早恋神秘的面纱，用理性的思维去看待青春期的早恋问题，树立正确的爱情价值观。因为只有这样，我们才不会在青春的道路上迷失自我。爱不仅仅是需要勇气，还要有爱的能力、爱的智慧，只有我们具备了爱的能力、拥有了爱的智慧，才会品尝到爱的幸福。

向琳：在学生时代，对异性的关注是很正常的事，它符合我们的身心发展特点，并不是一件羞于言表的事。问题在于，当我们发现自己对异性产生好感时，必须把握和掌握好自己的情感，避免让自己误入错误的感情漩涡中而不能自拔。年少的我们，在与异性交往中，要保持一份美好的期待，避免作出盲目的选择。

第六课 做准备 求职择业有底气

名人名言

不为明天做准备的人永远不会有未来。

——卡耐基

一、活动背景

中职生毕业时都会掌握一技之长，但同学们欠缺社会经验，在求职择业过程中，一部分同学好高骛远、眼高手低，对行业人才需求和用人单位选人用人标准认知肤浅，缺乏求职应聘的技巧，他们在求职路上往往会走许多弯路。为了提高同学们的求职择业能力，增强他们的就业竞争力，特举办这次主题班会，引导同学们更多地了解社会，了解职业，有针对性地做好求职就业的准备。

二、活动内容

就业分析、职场调查、模拟面试。

三、活动目标

1. 让学生了解就业形势，提高学生对求职择业准备的认识，增强学生就业竞争意识，树立正确的择业观。

2. 让学生了解社会对人才素质的基本要求，增强学生提升职业素质的意识，树立求职择业的信心。

3. 让学生了解面试的基本程序，掌握面试技巧，培养学生良好的应聘素质，提高学生的应聘能力和竞争能力。

四、活动准备

1. 收集与本专业对应行业的就业形势，选取一则典型的职场案例，指定一名同学把它改编成故事。

2. 全班分成若干小组（原则上 6～8 人一组），以小组为单位完成以下任务：

（1）收集自己所学专业对应的职业群，并在职业群中选取一个具体的职业岗位，上网搜索或进行实地调查，了解这个岗位对从业人员的要求（包括学历、个人素养、能力等方面）。

(2) 各小组以专业对应的行业信息为基础，模拟成立一家公司，确定公司名称，拟定好招聘岗位，设计相应的面试问题（如你的专业特长是什么？等），全组成员做好分工（可设置两位面试官和一位面试助理）。

五、活动过程

（一）活动导入

同学们，今天我们同在一个教室里学习，等到我们毕业的那一天，有的同学选择直接求职就业，也有的同学选择高校毕业后再择业。无论你作出怎样的选择，未来你终将进入职场，迎接社会的挑选。因此，提升职业素质，增强就业竞争能力，是我们今天必须讨论的话题。在上学期间，做好求职就业的准备，才会让我们面临挑选时不茫然和慌乱，顺利找到一份满意的工作。

（二）体验·探究·分享

活动1　就业分析

设计意图：

通过情景分析，让同学了解就业压力，增强求职择业的心理准备，为提高求职择业的成功率而努力改变自己。

活动步骤：

1. 本专业对应行业的就业形势分析（如图6-1所示）。

图6-1　就业分析

2. 职场故事分享。王芳毕业了，她放弃了学校的就业安置，选择了自主就业，因为她想找一份令自己满意的工作。学习会计专业的她在学校就读期间获取了中级会计资格证，在权衡了自己的就业实力后，她准备到一家商贸公司应聘，持有中级会计资格证的王芳信心满满地收集就业信息，期待自己能顺利地实现就业愿望。面试那天，王芳做了一番精心打扮，穿上职业装，来到了公司通知的面试地点，在路上，她偶遇了一位前去面试的熟人，两人有说有笑地相伴而行。一到公司，她发现前来应聘的人有很多。让她没有想到的是，这家规模不大的商贸公司也会有那么多人来应聘。经打听，在这些应聘者中，有的学历比她高，有的工作经验比她丰富。突然间，她发现自己的竞争实力那么弱，连应聘的底气都没了，便悄悄地溜出了办公室。事后，她得知，应聘成功的不是那些工作经验丰富的，也不是学历比她高，正是跟她同行的那位熟人，两人曾经在同一个学校同一专业不同班级学习。想当初，王芳在获取中级会计资格证后，便认为自己达到了求职要求了，于是没有再往前努力。然而她那位熟人却悄悄地考了计算机等级证，而且利用周末到培训机构学习了会计电算化的知识和技能，假期曾到一家商贸公司做实习生，积累了职场经验。这位校友曾邀约她一起参加学习和训练，但被她拒绝了。因为那时的王芳不想让自己的生活过得那么苦。而今，她发现面对职场竞争，自己准备得太少了，心里有些后悔。

问题探究：
1. 从职场就业形势分析和王芳求职经历来看，当前我国的就业形势有怎样的特点？
2. 王芳的熟人应聘成功，她之前做了哪些充分准备？这些准备对她成功应聘产生了什么样的影响？这件事说明了什么？
3. 面对就业竞争，现在的你应该选择怎样的职校生活？如何将这样的选择落实到日常的学习和生活中？

小结：职场机会对每个人来说都是均等的。机遇会垂青于谁，关键就看谁准备得比别人充分。为了增强就业竞争力，在日常生活中学会取舍。你选择了安逸，就会丢掉成功的机会；你选择了吃苦，就会收获成功的希望。

活动 2　职场调查

设计意图：
通过开展社会调查，分享调查结果，让同学们明白信息的收集对提高求职成功率非常重要。

活动步骤：
1. 各小组成员在组长带领下，根据课前调查情况，对材料和信息进行分析和提炼，找出用人单位对求职者的职业素质要求。在这些要求中，想想哪些是自己已具备的？哪些自己还不具备的？
2. 各小组针对不具备的条件提出弥补方案，并派代表分享本小组设计的弥补方案（如图 6-2 所示）。

问题探究：
1. 用人单位对求职者的职业素质要求包括哪些？
2. 结合个人实际，想想实施弥补方案，还存在哪些困难？你准备怎样解决这些困难？
3. 按照弥补方案提升自己，你将会有哪些收获？

小结：职场选择是为我所需，用人单位是按照自己的需要来选择人才，符合用人单位人才标准的求职者才有机会成功应聘。中职生比照用人单位对人才素质的要求进行训练，才有可能找到自己理想的工作。

图 6-2　小组成员共同探讨弥补方案

活动 3　模拟面试

设计意图：

通过模拟面试（如图 6-3 所示），帮助学生熟悉面试流程，克服面试前的恐慌心理，增强求职择业的自信心。

图 6-3　模拟面试

活动步骤：

1. 主持人宣布面试活动开始，各小组的面试官就位。
2. 面试助理将应聘成员带入场地，并进行面试题目的抽签，每位面试者抽取两个面试问题，准备时间 30 秒。
3. 求职者向面试官做自我介绍，并根据抽到的题目作答，向面试官陈述自己的观点。

4. 面试官根据求职者的仪容仪表、谈吐举止、回答问题等方面进行评分，满分 10 分。

5. 各小组组长公示面试结果，并对面试情况作点评。

问题探究：

1. 通过模拟面试体验，你了解面试的基本程序是什么？
2. 获取面试成功需要掌握哪些基本技巧？
3. 用人单位为什么要通过面试来选用人才？
4. 面试成功者都有哪些共同的特点？
5. 在面试中，可以采取哪些方法克服面试的紧张心理？

小结：面试是用人单位选择人才的一种常用方式。求职者在应聘前应当按照用人单位的要求做好充分的准备。在面试时，沉着冷静，把自己的优势充分展现出来，把握好求职就业的机会。

（三）活动小结

1. 主持人小结。人们常说：机会是让给有准备的人。"双向选择、自主择业"让每一位求职者有了更多的职业选择机会。今天的我们，将来会是一名求职者。用心把握机会，以良好的心态积极做好求职就业的准备，包括思想道德素质准备、知识素养和能力准备、身心健康准备等方面。当下的我们只有不断积累求职资本，增强个人就业竞争力，才能在"双向选择、自主择业"中把握主动权，提高求职就业的成功率。

2. 班主任点评。职业是谋生的手段。每个人进入职场，都必须经历一场挑选。本次班会活动，同学们通过对就业市场的分析，了解了我国就业市场的严峻形势，在未来的较长时间内，我国的劳动力都会出现供大于求的现象。因此，我们必须树立就业竞争意识。从王芳的故事中，我们就看到：一个不肯努力做充分准备的人，在机会面前将会失去选择的主动权。那么如何准备呢？职场调查让每位同学清楚地知道：了解社会需求，按照用人单位的人才素质要求进行准备。因为，只有这样，才能做到有的放矢，提高求职就业的成功率。模拟面试是求职准备的重要形式之一，通过这样的准备，让同学们提前了解求职面试的程序及相关要求，避免盲目性、无序性，降低求职失败的心理落差。

本次班会活动中，同学们积极准备，人人参与，能较好地分析问题和解决问题，团队合作意识较强，大家齐心协力完成小组任务，开展问题探究，制定弥补方案，对自我提出了相应的要求，这些都是值得肯定的。每个人都将会面临职场的竞争，竞争对手有可能是班级内的同学，也有可能是同校同学，甚至是社会的求职者，不管竞争对手来自何方，他们都会与你一起参与职场竞争。机会对每个人来说，都是均等的，谁都想在竞争中获取成功，而成功永远只垂青于那些有准备的人，这是职场竞争中不变的法则。因此，同学们要利用在校学习的大好机会，做好求职就业的充分准备。

六、活动拓展

（一）智慧加油站

中职生择业时要克服哪几种不良的求职心理？

1. 矛盾心理。矛盾心理是一部分中职生毕业生在求职中经常出现的心理现象之一。毕业在即，是选择直接就业，还是继续学习深造；选择对口就业，还是非对口就业等。这些问题常常会让中职生在初次择业时出现焦虑烦躁的情绪，不知该做怎样的选择。为避免这种心理带来的不良影响，建议同学们求职前向老师、家长进行咨询，听取他们的建议。

2. 攀比心理。中职毕业生在求职中的攀比心理也较为普遍，许多同学的攀比往往是不客观的，大多倾向于眼前利益（如工资、待遇、工作环境等），没有充分考虑个人特点及职业发展前景，最终错失就业良机。因此，同学们在求职择业时，一定要客观、实际地选择就业机会，树立"先就业，后择业"的求职观念。

3. 自卑心理。中职毕业生的自卑心理主要来源于以下两个方面：一是低学历使自身的就业竞争力较弱；二是专业素质和道德素质达不到用人单位的要求。因此，要想提高求职就业的自信心，就必须充分利用在校学习的机会，刻苦学习，努力训练，提高自己的综合素质和综合能力。

4. 逆反心理。由于就业形势严峻，中职毕业生自我期望值高，在求职就业受挫时，便会对学校和社会产生逆反心理，把自己就业失败归咎为学校的不负责和社会的不公平，不从自己身上找原因，从而一次次错失就业良机。因此，同学们在求职择业过程中，一定要量力而行，把个人需求与社会要求结合起来，做出理性的择业选择。

5. 盲从心理。一部分中职毕业生缺少正确的自我评估，对就业环境缺少分析，导致求职过程中很容易出现盲从现象，认为大部分人的选择就是正确的，缺少应有主见和独立性，盲目跟随大流，从而导致求职失败。在此，提醒同学们一定要学会在比较中找到自己的优势和不足，根据实际确立适合自己的择业目标。因为只有适合自己的，才是最好的选择。

6. 怕苦心理。一部分中职生在校期间缺乏吃苦精神，初入职业时，不愿意出差、加班，不能单独完成工作任务。因此，中职生在日常的学习、生活中，必须锻炼自己的吃苦能力，增强克服困难的勇气和信心。舍得吃苦的人，才能成为职场上最受欢迎的人。

（二）行为训练营

1. 学习职业礼仪。利用课余时间参加学校的礼仪训练队，开展职业礼仪知识竞赛和职业礼仪技能展示，提高职业礼仪素养。

2. 制作简历。由班委会统一制作简历模板，每位同学按照模版要求制作简历，在老师的帮助下修改完善。

3. 写求职信。学习写作求职信的技巧，为自己量身定写一份求职信，保存电子档，尝试将简历和求职信向自己心仪的用人单位投递。

七、学生总结反思摘录

杨建宇：以前，我和绝大多数同学的想法一样，总认为过早地谈论求职就业准备完全没有必要。这次班会活动，让我们明白：人生路上，无论做什么事，切不可打无准备的仗，因为机会并不是时时都有。与其等到错失良机时，再来反思自己的问题，不如从现在开始，按照用人单位要求提前谋划，认真准备，提升素质，练好本领，为顺利就业打下坚实的基础。

周应梅：王芳的求职之路，让我深受启发。如今，就业市场的竞争是我们难以想象的。特别是想找一个令自己满意的工作，不做充分的准备，这个愿望实现的可能性非常小。作为中职生，我们已经输过一次。在职校学习过程中，倘若我们再一次选择放弃自己，将来我们凭什么去迎接社会的挑选。为此，从现在开始，我们必须对自己的未来负责，利用在校学习的大好时光，做好求职就业的准备。

龙微：通过比照自己与职场要求的差距，发现还有好多事需要做。首先，我必须为自己确立了一个目标，并将这个目标细化到每一年、每一学期、每一个月、每一星期甚至每一天。只有这样。我才会清楚自己每天该干些什么，应该从哪些方面去提升学习能力，让自己的职校生活过得充实而有意义。

胡进：在模拟面试中，那些优秀的同学总是很容易成功，而平时不注重个人修养、专业技能差的同学却不断遭遇淘汰。虽然，我通过了模拟面试考验，但感觉自己依然存在许多不足，与职场要求还有很长的距离。面对激烈的职场竞争，我要努力做一名有心人，从各方面努力提升自己，争取更大的进步。

第二单元
家庭责任担当

第七课 知艰难 感谢父母养育恩

名人名言

生活需要一颗感恩的心来创造，一颗感恩的心需要生活来滋养。

——王符

一、活动背景

生活中，一部分中职生享受着父母的劳动成果，沐浴着父母的关爱，过着衣来伸手、饭来张口的生活，对父母除了不断地索取，剩下的就是抱怨，其言行显得有些自私。因此，非常有必要让他们了解父母养育的艰辛，感悟父母的养育之恩，激发他们感恩父母的情感。

二、活动内容

知孕育之难、明养育之苦、表感谢之意。

三、活动目标

1. 让学生知道父母为新生命的到来承受了许多煎熬和痛苦，感悟生命诞生的来之不易，懂得珍惜生命、守护生命，这既是自我责任，也是家庭责任。
2. 让学生领会父母养育生命的艰难，懂得感恩父母对成长的意义，激发学生感恩父母的道德情感，引导学生学会换位思考，增强构建和谐亲子关系的自觉性。
3. 让学生学会表达对父母的爱，增强感恩父母、回报父母的意识，从生活的点滴做起，用实际行动感恩父母、回报父母。

四、活动准备

1. 活动场地准备。活动前，找一个相对空旷的活动区，划出一个长方形的活动范围，在两端设立活动起点和终点的标志。

2. 活动道具准备。游戏道具：准备1公斤、5公斤、10公斤的沙包各6袋以及相应的标志物、障碍物，计时表6个，口哨1个，小物件若干。

3. 活动岗位准备。设置1位裁判员、2名监督员、3~5名计时员。

4. 家校共育准备。邀请家长参与主题班会，参与形式可以是手机连线或亲自到场。

温馨提示：发一封"告家长通知书"，调动家长参与家校共育的热情，积极配合孩子完成任务。

五、活动过程

（一）活动导入

同学们，小树的成长离不开阳光的哺育、甘露的滋润，而我们的成长离不开父母的养育。当我们还在妈妈肚子里的时候，爱我们的爸爸、妈妈就开始为迎接新生命的到来而忙碌奔波着。我们一路成长，父母的关爱紧紧相随，那我们有没有真正体会到父母的良苦用心呢？

（二）体验·探究·分享

活动1　知孕育之难

设计意图：

通过游戏体验，让同学们在孕育这场最美的旅行中感受父母的辛苦和付出，唤醒他们的善良之心，激发他们理解父母、支持父母、关爱父母的情感。

活动步骤：

1. 主持人宣布活动主题（知孕育之难）及项目名称（"孕"动会）。

2. 活动助手在准备好的活动区域内将不同重量的沙包按由轻及重的顺序每隔2米放置一个，在两个沙泡中间放置若干个小物件。

3. 将所有同学分成若干个小组，两两组成一对"夫妻"，由"丈夫"将1公斤重的沙包绑在"妻子"的小腹前，让"妻子"处于怀孕状态。准备工作完成后，"夫妻"俩同时站在起跑线上。

4. 每轮游戏由六组参与比拼，当主持人吹响哨声时，每对"夫妻"同时从起点开始跑向第二个站点，期间"妻子"必须捡起地上的小物件，把它交给"丈夫"保管，如保管中小物件掉在地上，两人便回到起点，重新出发。特别提醒，"丈夫"不得代替"妻子"拾取物品。

5. "夫妻"到达第二个站点时，"丈夫"帮助"妻子"卸下1公斤沙包，换上5公斤沙包,重复刚才的游戏。到达第三个站点时,"丈夫"帮助"妻子"卸下5公斤沙包,换上10公斤沙包,再次重复刚才的游戏。直至活动结束,最先到达终点的"夫妻"获得胜利。

6. 每小组的第一名进行最后对决,取前三名进行表彰,由主持人颁发小奖品。

备注:该活动选择在室外进行,"夫妻"双方可进行角色交换。

"孕"动会的活动过程如图7-1所示。

图7-1 "孕"动会

问题探究:

1. 在刚才的游戏活动中,你是否体会到了父母孕育生命过程中的艰难?这些艰难有哪些具体的表现?

2. 想想父母为什么要不顾艰难孕育新生命?面对这样的付出,你应该怎样守护好生命,回报父母的养育之恩?

小结:有一种缘分叫生命的遇见。因为这种缘分,我们与父母成为了一家人。在与父母相遇的路上,父母的付出是无私无畏的,它让我们对父母和生命本身产生了敬畏之情,守护好生命就是感恩父母的具体体现。

活动2 明养育之苦

设计意图:

通过活动,让同学们理解父母呵护生命成长的不易,激发他们感恩父母的欲望,培养感恩父母的心理品质。

活动步骤:

1. 主持人宣布活动主题(明养育之苦)及项目名称(保护鸡蛋),介绍游戏规则:

（1）10人为一小组，每个组员将鸡蛋放在食指和中指中间，从第一个同学开始传递，传到最后一个同学后再折返依次传回到第一个同学手中。

（2）鸡蛋必须连续传递，如在传递中不慎滑落，由第一个同学取一个鸡蛋进行重新传递。

（3）最终评判结果：传递最稳、用时最少的小组获胜。

2. 请三位同学做示范，让大家明确游戏规则，主持人吹响哨声，同学开始游戏过程，时间为1分钟。

备注：

1. 鸡蛋只能单手传递，不能用另一只手辅助。
2. 监督员和计时员分站两旁，对传递行为进行监督和提醒，并记下准确时间。

问题探究：

活动结束后，由主持人引导同学们开展问题探究（如图7-2所示）。

图7-2 主持人引导同学们开展问题探究

1. 护鸡蛋行动犹如父母养育孩子，通过刚才的游戏你体会到了什么？在你成长过程中，父母付出了哪些辛劳？
2. 生活中，你是怎样回报父母的养育之恩的？
3. 如果你是父母，当孩子不懂感恩时会怎么想？为什么会这样想？
4. 如何评判在生活中那些对父母不敬不孝的行为？
5. 感恩父母从构建和谐亲子关系做起，你打算怎么做？

小结：父母不仅赋予了我们生命，还含辛茹苦把我们养大。在生活中，学会换位思考，从点滴做起，感恩父母，才能收获成长。

活动3 表感谢之意

设计意图：

通过亲子互动，旨在引导学生学会爱的表达，勇敢迈出感恩父母的第一步。同时，也让家长亲眼见证和感受孩子的感恩之情。

活动步骤：

1. 同学们用手机或便笺纸写出一段想对父母说的话。
2. 以小组为单位进行分享，抽选代表进行全班分享。
3. 抽取同学与父母现场连线，表达对父母的感谢之意。
4. 将父母请到现场，开展亲子互动，由同学先表达对父母的爱，家长予以回应。
5. 家长代表交流参与亲子互动的感想（如图 7-3 所示）。

图 7-3　家长代表发言

问题探究：

1. 向父母表达感谢之意，除上述方式外，还有哪些具体方式？这些方式对密切亲子关系会产生怎样的作用？
2. 感恩父母与个人的成长和发展有怎样的联系？
3. 面对父母的付出以及宽容和厚爱，自己将从哪些方面进一步落实感恩行动？

小结：感恩父母并不是一件难以启齿的事，学会用爱的语言、爱的行动大胆表达自己对父母的爱，让父母更多地了解自己、信任自己，建立和谐的亲子关系，这是每个同学应尽的家庭责任。

（三）活动小结

1. 主持人小结。同学们，父母给予了我们生命，呵护我们成长，一路走来，我们沐浴着父母的关爱，享受着父母的劳动成果，不经意间把这一切当成了一种习惯或理所当然。今天的主题班会，让我们重温父母的养育之恩，感悟父母的关爱之情，体验父母的艰难和不易，在此，向大家发出倡议：日常生活中，多理解和体谅父母，珍惜父母的劳动成果，主动挑起家庭责任，做一名懂感恩、善感恩的孩子。

2. 班主任点评。父母是我们人生中最大的恩人，知恩图报是每一个人最基本的品德。一个连父母都不感恩的人，不可能爱他人，也没有资格得到他人的爱。本次班会活动，同学们准备充分，家长乐于参与，增强了班会活动的效果。游戏活动中是同学们最喜欢的方式，一场特别的"孕动会"和护蛋行动，让同学们在体验中领会父母孕育生命和养育生命的艰难，加深了同学们对父母的了解，懂得生命的可贵，强化了同学们守护生命、感恩父母的责任意识。在问题探究中，同学们认真反思自己与父母相处中的不当言行，站在父母的角度进行换位思考，增强了同学们在亲子关系中的荣辱观，提高了同学们构建和谐亲子关系的认识。活动中同学们真情流露，满怀深情地分享父母养育故事、表达对父母的感恩之情，让在场的老师和家长深受感动。特别是几位平时不善言辞的同学，面对父母说出自己的真心话，让父母看到了自己真诚、善良的一面，增强了亲子间的了解和互信。这次班会活动是一次成功的主题班会，在家长的积极配合下，实现了预期的教育目标。

六、活动拓展

（一）智慧加油站

品读短文（《人最大的教养是什么？》），学习与父母的相处之道。

人最大的教养是什么？

我国当代著名作家周国平曾说过："人最大的教养就是懂得尊重自己爱的人。"在他看来，"对亲近的人挑剔是本能，但克服本能，做到对亲近的人不挑剔是种教养"。最好的教养，不仅是对陌生人彬彬有礼，更重要的是尊重自己最爱的人。当我们牙牙学语或蹒跚学步时，父母的每一句话、每一个微笑和鼓励都能给我们带来莫大欢喜。

但不知从何时开始，父母的生活离我们越来越遥远，有委屈从不向儿女吐露，哪怕生病了也只是默默地吃几片药，还在孩子面前假装一副若无其事的样子。

这背后，其实是父母对子女深深的爱与依赖。

面对这种爱与依赖，我们又做了什么呢？

我们从乖顺听话的孩子，变成了独立、叛逆的成人，有时甚至让语言变成一把利器，不经意间的一句话，很可能在父母的内心狠狠地刺了一下，看似平常，伤人却深。

一、批评父母无能

"说了你也不懂，别问了。"

"跟你说多少次不要你做，做又做不好。"

"你们那一套早就过时。"

……

这样的话，其实是对父母极度的不信任。他们做的好与不好有什么区别呢？父母喜欢为孩子做点事以体现自己的价值，拒绝会让他们觉得自己没用了，儿女不需要他们了，从而陷入消极、悲观的情绪。其实这背后暗含的是子女的情绪化和傲慢、不谦卑。

父母年岁大了，面对许多新鲜事物，不会像子女那样紧随潮流，即便在子女眼中非常简单的一件事，他们也要学上好多遍。比如笔者的父亲，刚上一年级没几天就辍学，到现在拼音都不认识几个，幸好爷爷出身书香世家，教父亲勉强认识了几个汉字，但父亲至今都不怎么会用智能触屏手机，有一次回家时他问我怎么发短信，我教了他好多遍但他还是没学会，我不耐烦的冒出一句："你又不会拼音，再简单你也学不会。"听罢，父亲没再说话。后来我想再教父亲用触屏手机，但被他断然拒绝了。再后来听母亲说，当初你父亲学发短信，是为了不影响你的工作。

很多子女都认为自己比父母强，却忽视了父母的经验与学历无关，这是必须亲身经历过才能拥有的体验。这些话不仅会让他们伤心，还会让他们因年老产生的自卑感加重，觉得自己没用，恐惧落后于时代。

父母给了我们生命，含辛茹苦把我们养育成人，没有父母哪有我们？小时候，父母是我们的老师，教我们吃饭走路，从来没有嫌弃我们笨，父母老了，我们应该做父母的老师，做到百问不烦，这其实也是一种孝道！

所以，做子女的千万不要批评父母的无能，这样他们会很伤心！

最大的孝，便是不给父母脸色看。

二、抱怨父母啰嗦

"有事吗，没事我挂了。"

"好了好了，我知道，真啰嗦。"

"我要吃什么我知道，别给我夹。"

……

也许一个简单的事，父母也会嘱咐很多遍，例如叮嘱我们穿厚点，嘱咐我们别着凉，嘱咐我们少喝酒，嘱咐我们早回家……这时，一定不要对父母说："别啰嗦了，烦不烦！"因为只有真爱你的人才会啰嗦你，其实你的父母并不是一个啰嗦的人，你见过他们什么时候向别人啰嗦过？

"记忆中和父母拌过无数的嘴，但从来没想到，小时候一句无心的话，妈妈竟然整整记了20年。"一位网友说："上中学的时候，有一次是冬天，早上快迟到了，我妈非说今天要变天，让我把棉裤穿上，我说我不冷，来不及了，她还是唠唠叨叨没完，说'你穿上怎么了，能花多少时间啊，长这么大怎么这么让人操心啊'，我一急就脱口而出，'嫌我让你操心，那生我干嘛呀？'我妈立刻不说话了，我推起自行车就往外走，她追出来，默默地往我车筐里塞了个面包。"说着说着，他眼圈红了起来。

不经意的这样一件事，在以后的日子里，母亲却时不时提时。这句话，就像刻在了她脑子里一样，20年了念念不忘。去年这位网友生了孩子，十月怀胎，感觉自己累得要死。她说："要是我的孩子以后这样说，估计我会给他一记耳光。"

尹默父母是在他考上大学那年离的婚。毕业后，他特意选了一个远离父母的城市工作，工资很低，付完房租余下的钱所剩无几。整整一年，他没给家里打过电话。有一天在地铁口，他接到了父亲的电话。一段很长时间的沉默，仿佛父亲不知道该怎样开口，尹默不耐烦地说："有事吗？没事我挂了，我电话快没钱了。"没想到父亲说："我知道，我给你的卡里汇了6000块钱，实在辛苦，就回家吧，爸爸养你。"这句话让尹默泪如雨下。

不让亲近的人伤心，是一个人最高的教养。

三、对父母的教育不耐烦

"烦不烦啊！"

"瞎操心什么啊！"

"我知道了，别说了，你说的我懂。"

……

"孝顺"两个字千百年来被我们挂在嘴边，但现代社会很少有人认真思考过它们的含义。"孝"体现了晚辈对长辈的爱和尊重,"顺"要求孩子在顺服父母的基础上进行沟通。如果在子女的内心里没有这个"顺"字,那么很容易在沟通中丧失谦卑和尊重。

每当父母因为某件事教育我们时,好多孩子会说:"我知道了,别说了,你说的我懂"等不耐烦的话,其实父母只是希望我们过得更好。直到我们为人父母后才明白,原来我们也是这么教育自己的孩子。

对父母多一些体谅,等他们哪天不管我们了,不再教育我们的时候,我们会发现生活会更加难过。

四、人最大的教养,是善待父母

鲁迅一生从来都是心口如一,从不违心屈从,唯独对自己的母亲妥协过,哪怕是最平常的起居生活,也是极为妥帖、恭顺。

为了不让母亲感到寂寞,鲁迅特地将母亲从老家接到北京,并把他最大的房间留给母亲住,自己和妻子住小的。

每天晚饭后,都要到房间与她聊天。

出门之前,总要先到母亲屋里说声:"阿娘,我出去哉!"

回来后,也一定去母亲处说声:"阿娘,我回来哉!"

还时常给母亲带回一些喜欢吃的小食品。

鲁迅的文章虽然写得好,可他的母亲却不爱看,有人曾特意送了本《呐喊》给她看,还说《故乡》写得好。

老太太读完却说:"没啥好看,这怎么也可以算小说呢?"

原来,老太太喜欢看新鸳鸯蝴蝶派的小说,尤其是张恨水的作品。

于是,鲁迅就跑到书店买来张恨水的《金粉世家》《美人恩》送给母亲。

鲁迅的好友许寿裳说:"鲁迅的伟大,不但在其创作上可以见到,就是对待其母起居饮食的言行中,也可以见到他伟大的典范。"

是否,我们也像鲁迅一样,给予父母足够的体贴与温情。其实他们所祈求并不多,一份简单、耐心而温馨的爱就足矣。

父母忙了大半辈子了,一直说,等你大了,就不管你了,等你结婚了,就管不动你了,等你有孩子了,就懒得管你了,等你孩子上学……等的她都老了。

当他们慢慢老去的时候,多些细心、多些用心、多些耐心,这是儿女能给予他们最好的报答。

你养我长大,我陪你到老!

(本文选自《京博国学》)

(二)行为训练营

请同学们在以下两个任务中选取其中一个去完成:

1. 到父母工作的地方体验一天,写一篇500字的总结。

2. 开展一次父母职业调查活动,主要内容有:

(1)父母从事什么工作?每天何时上班?何时下班?工作几小时?

(2)父母每月工资收入多少?父母每月个人花费多少?用于养育子女的费用是多少?

(3)按当地现有物价水平,父母生养自己共花费了多少费用?这些费用父母可以实现自己的哪些愿望？

七、学生总结反思摘录

毛宝玉：这次班会活动看似轻松、愉悦，却深深地触动了我的心灵。原来在我成长路上，父母的付出是如此艰辛，而我的自私与执拗让父母的生活变得难上加难。现在，我明白：感恩父母就要懂得知父母艰难，主动管理好自己，少给父母添麻烦，做一个孝顺父母的好孩子。

朱娜：这一次的活动体验让我体会了父母养育子女的艰辛，从妈妈怀孕到我的出生，随后慢慢长大，父母为了我、为了这个家不停的操劳，但他们却很少抱怨。在他们的世界里，我成了他们的生活重心和动力。为了我，他们放弃了自己的兴趣爱好，自己舍不得吃、舍不得穿，总是把最好的东西留给我。以前，我总认为这些都是理所当然的。现在，我知道这种想法错了。天下从没有免费的午餐，父母生养了我们，而回报父母的爱是我们应尽的责任。此后，我将怀着一颗感恩的心去体谅父母，主动为父母分忧，自觉承担家庭责任。

杨依涵：护蛋行动看似简单，但完成起来却不那么容易。为了让鸡蛋顺利地到达目的地，每个人都是那么小心翼翼，因为紧张，我的手指微微动了一下，鸡蛋便从我手中滑落，掉到地上摔了个粉碎，那一刻，我的内心充满了愧疚。由此让我想到了父母，在我成长的路上，他们经历了多少个担惊受怕的日子。想想这些，我心里很不是滋味。在此，我想对爸妈说："辛苦了！你们养我长大，我一定照顾你们到老。"

陈辛雨：平时，我总嫌父母给的零花钱少，觉得他们不爱我。通过体验父母劳动的一天，我才发现原来父母的付出是如此之多。而这些付出承载着他们无数的汗水和辛酸，想想没有我，他们会生活得多轻松、多快乐。可世间没有如果，而我的父母也从没有因为我的存在抱怨过，他们的爱非常伟大和无私。感恩父母，回报父母，这便是我要尽的家庭责任。

第八课　爱劳动　勤俭朴实学当家

名人名言

勤奋是财富的右手，节俭是它的左手。

——佚名

一、活动背景

爱劳动、勤节俭是中华民族的传统美德。但总有一些同学被家长娇生惯养，在家不干家务活，缺少劳动意识。生活上，与他人比吃、比穿、比手机等，不懂得节俭，拿着家人的血汗钱挥霍。为此，在家庭责任担当教育中，开展热爱家务、节俭持家教育非常有必要。

二、活动内容

家庭生活广角镜、家庭生活真滋味、家庭生活小技巧。

三、活动目标

1. 让学生知道勤劳节俭是中华民族的传统美德，引导学生树立"劳动光荣、懒惰可耻""节俭光荣、浪费可耻"的家庭生活观念。
2. 让学生反思自己在家庭生活勤劳节俭的状况，通过同学间的相互比对寻找差距，正确认识亲子关系与个人劳动习惯、节俭意识的关系，增强他们在家庭生活中主动践行爱劳动、勤节俭的自觉性。
3. 让学生了解家庭生活中的小技能，领会争当家庭小能手的意义，增强学生在家庭生活中的主人翁意识，运用所学的知识和技能为家庭生活服务。

四、活动准备

1. 以小组为单位收集与勤劳节俭相关的古诗词。
2. 收集一则反面的典型事例，指定一名同学将事例改编成故事。
3. 回想自己在家务劳动和家庭理财中的小趣事。
4. 准备劳动小技能和理财小技能抢答题，制订好抢答规则。

五、活动过程

(一) 活动导入

同学们,身为家庭成员,勤做家务、节俭持家都是我们应尽的家庭义务。然而,不知从何时起,有人却变得懒惰,有人却不懂得节俭。试曾想过,因为你的懒惰和浪费,父母的生活变得更加艰辛和无奈。身为子女,孝敬父母不能光停留在表面上,主动分担家务,养成节俭持家的好习惯,这才是尽孝的最好体现。

(二) 体验·探究·分享

活动1　家庭生活广角镜

设计意图:
通过诗歌欣赏和典型案例剖析,让同学们明白参与家庭劳动、注重节俭的重要意义。
活动步骤:

1. 以小组为单位开展"勤劳节俭"古诗词大比拼,评选出优胜者进行表彰(如图8-1所示)。

图8-1　小组朗诵勤俭节约古诗词

2. 分享家庭生活小故事。

因为太懒,23岁小伙子饿死家中

2018年2月11日,有的媒体报道:一个23岁的小伙子,四肢健全,精神正常,活动自如,居然活活饿死了。这个小伙子,就是杨锁。村民们说,杨锁不是饿死的,是懒死的、惯死的。

杨锁有多懒？正值青春年华，却不肯出去务工挣钱，嫌上班太苦太累，宁肯整日乞讨为生。吃一顿饱饭后就睡觉，有时能睡一两天。村民送来的肉，他宁愿让肉腐臭，也不肯动手做饭。连吃饭都懒得吃，除非饿到极点，他才出门讨饭。从不洗衣服，穿脏了就扔掉。后来没有衣服换洗，整天穿着那一身脏衣服。天冷的时候，杨锁连大便都懒得出门，方便后在地下刨个坑，用土一盖就完事了……

知情人都说，杨锁的懒是父母娇惯所致。杨锁从小聪明伶俐，父母对他非常宠爱。小时候他跟随父母出门，父母不是抱着就是背着。杨锁8岁了，父母出门时还把他用担子挑着，舍不得让他走路。父母怕孩子累着，从小到大未让杨锁做过任何家务，自己舍不得花钱，却对杨锁十分宠溺。杨锁不懂得节俭，大把大把地花钱，每次都会在最短的时间内把父母给的钱花光。家里无积蓄，父亲患肝病无钱医治去世。面对家庭困境，他没有警醒，而母亲继续宠爱他，依然舍不得让他干活，把家里最好的东西都留给他。因为吃不了学校的苦，杨锁初中未读完就退学在家，退学后的杨锁整天无所事事，在家吃了睡、睡了吃，身体有病的母亲不但承担家里全部农活和家务，回来还要服侍儿子。杨锁并不体恤母亲的不易，不但不帮母亲干活，有时还会打骂母亲、向母亲索要钱，逼着母亲借债。杨锁18岁那年，积劳成疾的母亲去世。五年后的一个雪天，懒惰成性的杨锁活活饿死在家中。

问题探究：

1. 同学们分享的古诗词中反映了哪些家庭生活美德？它告诉我们一个什么样的道理？
2. 当你倾听完杨锁的故事后，有什么感想？像杨锁这样的代表人物，今天有人给他们取了个时髦的名字叫"巨婴"，在你的身上是否有类似"巨婴"的表现呢？
3. 为了避免"杨锁现象"在自己身边发生，家庭生活中必须克服哪些不良的生活习惯？

小结：勤劳节俭是中华民族的传统美德，是家庭幸福生活的重要保证。作为新时代的青年，应当传承这一优良传统，用心经营家庭生活。

活动2　家庭生活真滋味

设计意图：

通过联系生活，让同学们分享自己参与家务劳动和家庭理财的趣事、难事、囧事、乐事、烦心事，感受家庭生活的酸甜苦辣，懂得体谅家人劳作的辛苦。

活动步骤：

1. 以小组为单位，分享自己在家务劳动或家庭理财方面的小故事。
2. 各小组选取代表进行全班分享（如图8-2所示），以投票方式评出家务劳动之星、家庭理财之星，给予表彰。

问题探究：

1. 在你的家庭生活中，有没有因不做家务、不善节俭而引发的亲子矛盾？举例说明。
2. 中职生在家庭生活中养成爱劳动、勤节俭的好习惯对个人成长和家庭生活带来哪些积极影响？

小结：每个家庭成员都是和谐家庭的构建者，要营造温馨的家庭氛围，就要从勤做家务、勤节约开始，培养良好的家庭生活习惯。

图 8-2　代表分享家庭生活小技巧

活动 3　家庭生活小技巧

设计意图：

通过知识抢答方式，引导同学们了解家庭劳动、家庭理财的小技能，更好地承担起力所能及的家庭责任。

活动步骤：

1. 主持人公布抢答规则：

（1）以学习小组为单位进行抢答，每次只允许小组中其中一位成员举手作答。

（2）当屏幕显示题目之后，方可举手回答，谁先举手，谁先答。

2. 主持人邀请两位同学为裁判助理，一位监督同学们是否遵守抢答规则，另一位记录每个小组的抢答成绩，并公示在黑板上。

3. 当主持人宣布抢答开始，同学们进入抢答状态。

抢答题参考题目如下：

（1）淘菜时，怎样去除残留在蔬菜中的有害物质？

（2）切菜时，如何才能确保自己的手不被切伤？

（3）炒菜时，发现菜太咸时，可以用什么方法改变咸味？

（4）炒菜时，发现菜太辣时，可以用什么方法减轻辣味？

（5）如何验证鸡蛋是否新鲜？

（6）如何清理厨房油污？

（7）炖排骨时，怎样做有利于钙的吸收？

（8）煮鱼汤时，如何减少鱼本身的营养流失？

（9）番茄皮怎么操作才容易剥下来？

（10）用普通的铁锅煎饼时，怎么操作不粘锅？

（11）为什么洗过的衣服有时会泛黄？

（12）哪些布料的衣服不能用高温洗？
（13）衣服沾上了油污怎么清洗？
（14）如何去除衣服上的异味？
（15）衣服除皱的妙招是什么？
（16）抽屉、壁橱、衣箱里有霉味，需怎么清除？
（17）除脚臭的有效方法有哪些？
（18）冬天如何放置皮鞋？
（19）家中皮包出现发霉现象如何处理？
（20）淋浴喷头积聚水垢，怎么处理？
（21）当你发现家中当月开销较大，你会给父母什么建议？
（22）在家庭财务规划中，怎样理财能解决家中不时之需？
（23）家里有多余的钱，可以采取哪些投资理财方式？
（24）为避免冲动型消费，你会选择怎么做？
（25）家中的贷款消费比例占家庭生活消费比例的多少为宜？
（26）怎样添置家中大件物品能做到经济适用？

问题探究：

1. 在刚才的抢答中，你记住家庭生活中哪些小技能？
2. 你在家庭生活中是否用过这些小技巧解决家庭难题？请举例分享。
3. 有人认为家务劳动和家庭理财都是大人的事，未成年子女不参与，这种观点对吗？为什么？
4. 在以后的家庭生活中，你还应当从哪些方面提升个人家务能力和节俭能力？

小组进行问题讨论，如图8-3所示。

图8-3 小组讨论问题

小结：掌握家庭生活小技巧，成为父母或家人的好帮手，以此回报父母对自己的爱，这才是真正的感恩。

（三）活动小结

1. 主持人小结。同学们，勤劳动、善节俭是光荣的，懒惰、浪费是可耻的。作为家庭的一员，我们没有理由拒绝参与家庭劳动、没有理由去浪费父母的劳动成果。如果我们爱自己的家人，就更应该主动参与家务劳动、养成勤俭节约的好习惯，为家人分忧、为父母解愁。一个家庭责任强的孩子，才会来家人带来更多的温馨和快乐。

2. 班主任点评。生活中，有人常把替父母分忧挂在嘴边，却没有实际行动。从总体上讲，本次班会活动成效较明显。主要表现在：①同学们通过古诗词分享和案例分析，加深了对家务劳动、勤俭持家的认识，增强了自觉履行家庭义务的意识。②通过反思教育，让同学们找到自己在家庭生活中的不足，寻找与父母经常发生矛盾的根源，愿意以积极的姿态去纠正不良生活习惯。③通过知识竞答，掌握了家庭生活中的一些小技巧，并表示运用这些小技巧为家庭生活做贡献，尽自己的一份力，这种积极的生活态度是值得肯定的。

本次班会活动内容看似简单，但与同学们的家庭生活实际贴近，从而引发了同学们思想共鸣，积极投入到各个环节的教育活动中，明白了主动参与家务劳动和家庭理财的意义，绝大部分同学表示在以后的家庭生活中愿做一名勤劳动、善节俭的好成员。当然，感恩父母、回报父母，行动才是最好的证明。希望同学们把所学到的小技能运用到家庭生活中，主动替父母分忧，实实在在为家庭做贡献。

六、活动拓展

（一）智慧加油站

1. 学习家务活小知识

坚持每隔一段时间做一次家里清洁，具体操作可参考以下方法：

（1）每天做一次。房间通风换气，清洁冰箱、电视机、家具表面的灰尘，清洁房屋地面、地毯、窗台、卫生间、厨具等。

（2）三天做一次。卫生间、坐便器、浴缸、面盆的清洁和消毒，门、窗、墙面、天花板除尘，门把手、电话机、电话遥控器的消毒。

（3）六天做一次。灯罩、灯具除尘，电话机除尘，居室和卫生间镜子的清洁。

（4）七天做一次。床单、被罩、枕套等床上用品的换洗，厨房抹布的消毒。

（5）十天做一次。电冰箱内部擦洗、消毒、除味，抽油烟机的彻底清洗。

（6）二十天做一次。皮制家具的清洗保养。

（7）三十天做一次。换洗沙发套，整理衣柜、鞋柜、书架。

（8）三个月做一次。清洗纱窗、窗帘，干洗地毯、木地板、家具打蜡上光。

2. 家庭理财的基本原则

（1）自主控制原则。做金钱的主人，不受外界不良理财诱惑，主动积累家庭财富，努力实现家庭财富自由。

（2）勤俭节约原则。不乱花一分钱，及时控制冲动型消费。

（3）计划使用原则。对家庭各项开支，特别是大额开支提前进行规划，优化家庭支出结构。

（4）以钱生钱原则。将家庭较长时间内不使用的钱用作合法的理财投资。

（5）风险掌控原则。切忌把鸡蛋放在同一个篮子里。

（二）行为训练营

建议同学们近期完成以下任务：

1. 在 1 个月时间内学会五项自己不会的家庭劳动小技能，并拍照与同学们分享。
2. 与家人一起制订一份家庭理财计划。

七、学生总结反思摘录

敬力人：做家务、勤节俭对我们来说，并不是一件陌生的事。但它在家庭生活中经常被我们忽略，以致父母经常拿这些事来说教。我很反感父母的说教，但又因惰性和随性改不掉生活中的陋习。本次班会活动，我充分认识到：作为一名家庭成员，在家庭生活中做到爱劳动、勤节约，这是我们不可推卸的责任和义务。

步佳欣：要想自己不当"巨婴"，我们必须克服懒惰的毛病和铺张浪费的习惯，主动掌握家务劳动小技巧和家庭理财小技巧，尽自己所能为父母排忧解难，当好父母的小帮手和小参谋，为提高家庭生活质量尽一份责任。

魏琪：与同学们相比，我发现自己做的家务事太少了，感到有些羞愧。原来我没有做的，都是爸妈在承担，难怪他们很辛苦。班会活动让我明白：家务劳动既可以培养我们的独立生活能力、动手能力，还可以提高我们的职业竞争力。热爱家务劳动是承担家庭责任的具体表现，是感恩父母、回报父母的重要方式。

朱禹韦：本次班会活动，不仅加深了我对家务劳动、勤俭持家的认识，而且还让我掌握了许家务劳动小技巧和家庭理财小技巧，特别是家庭理财小技巧让我轻松学习了以钱生钱的小窍门。以后，我打算与父母一起用合法的理财方式增加家庭收入。

第九课　念亲恩　彼此关爱见真情

名人名言

那些博得了自己子女的热爱和尊敬的父亲和母亲是非常幸福的。

——伊林娜

一、活动背景

随着年龄的增长，一些同学言行变得十分叛逆，不理解父母的关爱，在生活中处处与父母作对，有的视父母为仇人，甚至家暴父母。为此，加强中职生关爱父母的教育刻不容缓。在这个世界上：一个懂得关爱父母的人，才能施爱于他人、集体，乃至社会和国家。因此，对中职生加强亲情教育对个人、家庭和社会都有十分重要的意义。

二、活动内容

爱的回味、爱的感悟、爱的表达。

三、活动目标

1. 让学生知道父母的爱时时都在，引导学生反思自己言行中对父母的伤害，激发学生对父母的关爱之情，引导学生做一名关爱父母的孩子。
2. 让学生了解父母唠叨的本质，教会学生主动与父母沟通，让"唠叨"的爱变得更温馨，引导学生与父母共同营造温馨的家。
3. 让学生知道爱是需要表达的，领会爱的主动表达对改善亲子关系的意义，激发学生表达关爱父母的热情，引导学生在生活中经常表达对父母的爱。

四、活动准备

1. 要求每位同学准备一张全家福。
2. 各小组准备一张大白纸和一支马克笔。
3. 邀请父母参加主题班会，每位同学事先写好一封"给父母的信"。

五、活动过程

（一）活动导入

同学们，伴随着阵阵啼哭，我们来到这个世上，第一次睁开了眼睛，看到了父母欣喜的表情。随着时间的推移，一天天长大，我们开始认识这个世界，认识爱。父母的爱像一把伞，从出生那刻起，就为我们遮风挡雨，父母的教诲像盏灯，在成长路上为我们指引方向。光阴流逝，永不褪色的是父母默默的关怀，天涯海角，无穷无尽的是父母对儿女的挚爱。那么，我们该以什么样的情感来回报父母的爱呢？

（二）体验·探究·分享

活动1　爱的回味

设计意图：
通过活动，引导同学们回味与父母相亲相爱的情景和父母所付出的无私关爱，激发他们关爱父母的情怀。

活动步骤：

1. 将所有同学分成若干个小组（原则上4~8人一组），家长与孩子在同一个小组，每位同学拉着家长的手以小组为单位围成一个圈。

2. 屏幕上播放全家福照片，在主持人带领下集体合唱歌曲《我们同在一起》，并配上一定的手势与父母互动。

3. 热身活动之后，各组成员在组长带领下共同完成"爱的清单"即在大白纸上罗列出父母对自己的关爱，家长做补充，限时5分钟，写得越多越好。

3. 清单完成后，各组派代表上台分享。主持人在黑板上写出关键词，尤其是体现父母不易的相关词汇。

4. 邀请学生代表讲述一个日常生活中父母关爱自己的动人故事（如图9-1所示）。

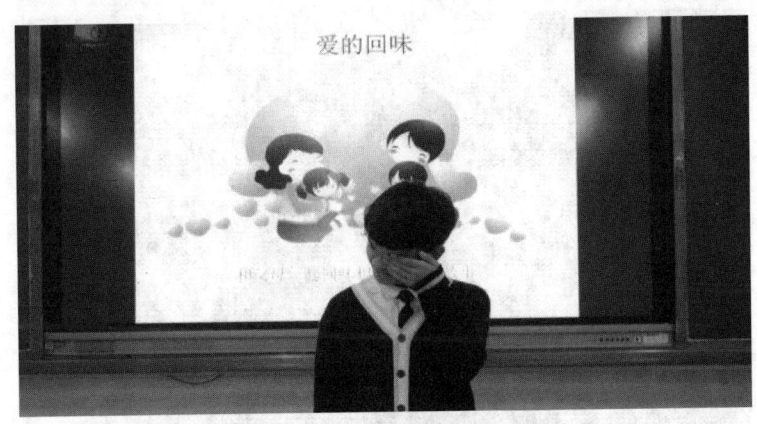

图9-1　学生代表分享故事

问题探究：

1. 当你用心聚焦父母的关爱时，领悟到了什么？
2. 在日常生活中，自己有没有误解或无视父母对自己的关爱？这种误解或无视给父母带来过什么样的伤害？
3. 面对自己无视父母关爱的过失言行，你选择什么样的方式来弥补？

小结：从出生开始，父母的爱从未缺席过。作为子女，任何时候都不要忘记父母的恩情。如果过去曾经留过伤痕，那么，今天就重头开始，记住父母的爱，别在失去的时候后悔。

活动2　爱的感悟

设计意图：

通过创设情境，展现父母生活中的唠叨，了解父母唠叨的真实用意，引导同学们正确认识和评判父母的唠叨。

活动步骤：

1. 选取一对亲子，双方互换角色把平时唠叨的情景表演出来。
2. 在小组长带领下，以"假如没了父母的唠叨"为题写出缺失父母唠叨后的场景，各小组派代表进行全班分享。

问题探究：

根据情景表演作答：

1. 什么时候会产生唠叨现象？唠叨的本意是什么？（抽取同学代表和家长代表作答）
2. 被人唠叨时的心情如何？（抽取同学代表和家长代表作答）

根据书写内容作答：

1. 如何解决父母唠叨时产生的矛盾心理？（学生回答）哪些唠叨是可以避免的？（同学和家长商量作答）
2. 为了减少亲子间的唠叨，自己和家长要做哪些改变？

小组讨论过程如图9-2所示。

图9-2　小组讨论

小结：家人之间有时会用唠叨传递爱，这种爱的传递不一定都是美好的，但它至少表达出你在父母眼中的位置。懂得珍惜，多换位思考，加强彼此间的交流沟通，多做一些让步，做好自己的本分，让唠叨不再成为烦恼和伤害。

活动3 爱的表达

设计意图：

通过书信方式，引导同学们把对父母的关爱用文字和语言表达出来，让父母感受子女的感恩之心，对家庭的未来燃起新的希望。

活动步骤：

1. 播放背景音乐《爸妈谢谢你》，每位同学在主持人的提议下将事先写给父母的信交到自己家长手里，对他们说一声：爸爸（妈妈），您辛苦了！然后给家长一个大大的拥抱。

2. 请家长代表大声地朗读信的内容，并对子女爱的表达作出回应（如图9-3所示）。

图9-3 家长代表发言

问题探究：

1. 当你看到父母阅读信件时的表情变化，会受到什么样的触动？（学生作答）
2. 当你收到子女所表达的爱会有什么样的想法？（家长作答）
3. 亲子间经常互相表达爱，会让家庭关系发生哪些变化？（学生和家长代表作答）
4. 生活中，还有哪些方式可以用来表达亲子间的关爱之情？

小结：爱父母不能总是藏在心里，只有表达出来才会让父母感受到。作为子女，我们不能总是奢求父母跟我们一样，对父母默默的关爱，我们也应当给予回应。无论用什么方式，彼此间爱的传递才能让家成为我们温暖的港湾。

（三）活动小结

1. 主持人小结。同学们，心存感恩，知足惜福。从今天开始，我们每个人都要把对父母的关爱之情扎根于心底，把对父母的关爱延续到日常生活中，理解和宽容父母，不对父母随意发脾气或动粗，帮助父母做一些力所能及的家务事，给父母送些小温暖，把关爱父母变成一种习惯，和父母一起共同承载起家庭的希望。

2. 班主任点评。在这个世界上，父母是最爱我们的人，这一点是毫无疑问的。从出生到一路成长，以至成年以后，父母在，爱就在。本次班会活动通过爱的回顾、爱的感悟、爱的表达三个环节让同学们和家长们共同接受爱的教育。整个过程气氛良好，从同学们和家长们的反应来看，大家乐意接受这种方式。在同学们看来，家长参与班会活动，与父母共同体验、共同探究、共同分享，拉近彼此间距离，增强相互的了解。在家长看来，这样的教育活动非常有意义，并表示如果自己有时间，愿意经常来学校参加这样的教育活动。

生活中，许多孩子不理解父母的唠叨，而许多父母不自觉地采用了唠叨的方式表达爱。从而导致双方对爱的理解产生了错误的认识。班会活动采用亲子表演的主要目的就是让家长和孩子间学会换位思考，找到正确的沟通方式，以此减少亲子矛盾。与此同时，让亲子双方都明白：爱需要表达，用彼此能接受的方式表达亲子之爱，这是每个家庭成员应当掌握的技巧，打破亲子间隔阂，彼此都学会用爱的语言、爱的行动向对方传递关爱，让家经常充满快乐、充满欢笑。

六、活动拓展

（一）智慧加油站

中职生关爱父母，从哪些方面做起？
1. 自觉遵章守纪，做一个让父母省心的孩子。
2. 放学回家给父母热情打招呼，因路途远不能经常回家的同学要主动与父母联系，不让父母担心。
3. 在家时，主动做一些力所能及的家务。
4. 主动关心父母的身体健康，在父母身体不适时，主动关心、照顾。
5. 关心父母的心理健康，在父母遇到烦恼时，不找麻烦，不与父母争吵。
6. 满足父母的小心愿，营造和谐温馨的家庭氛围。
7. 记住父母的生日，送上特别的祝福。

（二）行为训练营

1. 开展关爱父母行动方案评比活动。

各小组共同完成一份关爱父母的行动方案，班委会进行评选，对最佳方案给予奖励，并将其分享到家长群中。

2. 分享关爱父母的真实故事。

要求每位同学每月做一件让父母开心的事或者利用专业特长为父母做一件有意义的事，并拍下照片发到班级群中与大家共同分享。

七、学生总结反思摘录

王旭：这次班会活动老师邀请家长参与，让我们感到特别异外，与家长同台表演、共同参与活动、体验爱的关怀,这种形式非常新鲜,对改善亲子关系产生了积极的影响。事后,爸爸对我说:"读职业学校好,在这里你变得越来越懂事了。"爸爸的认可让我特别高兴。而我回到家,父母的唠叨变少了,而我对父母的爱变得温柔了。

刘志静:回想生活中,面对父母的唠叨,我们总是在抱怨,有时还会产生敌对情绪,让父母的爱变得有些无奈。本次班会活动,让我学会正确看待父母的唠叨,理解父母的唠叨。其实,父母对我们的疼爱,常常就体现在这些唠叨里,冷了叫我们多加衣,出门时反复叮嘱我们要注意安全……我们应该为这些絮絮叨叨的爱而感到幸福。因为当这种爱一旦离去,它再也不会回来。

林中琴:平时,父母管我很严,总觉得他们不爱我。班会活动中,和父母一起细细回味那些点点滴滴的关爱,让我非常感动。在我们成长路上,父母的爱从未缺失过,不管我们误解也好,忽视也罢,父母从不计较。面对父母的理解和包容,我还有什么理由去抗拒父母的爱。也许,他们关爱方式有些不恰当,但出发点都是好的。善待父母的爱,这是我应尽的家庭责任。

赵晨程:平时,面对父母,我很少主动表达对父母的感恩之情。今天,我破天荒地写了一封感谢父母的信。当我把这封信亲自交到爸爸手里的那一刻,内心有种期待:希望爸爸也能读懂我对他的那份爱。果不其然,爸爸当着全班同学的面夸我:"我的女儿懂事了。"愿我与父母之间永远都能互相理解、和谐相处。

第十课 尽孝道 传统美德记心间

名人名言

孝，德之始也，悌，德之序也，信德之后也，忠，德之正也。

——曾子

一、活动背景

随着社会经济的发展，一些人过分关注经济利益，盲目追逐物欲，导致他们的人生观、价值观出现扭曲，尊老孝亲的传统美德逐渐减弱，有的人即便有"孝"的意识，也会以没时间、没精力等借口不去践行孝的行动，家庭孝道出现滑坡现象。因此，适时开展"孝德"教育，弘扬中华民族孝道文化，让中职生在体验、探究、分享中感悟、认同、崇尚"孝德"，端正自己的价值观，以实际行动回报长辈的关爱和呵护，从而升华个人的思想道德境界，做一名有孝心的好孩子。

二、活动内容

知孝道、学孝德、践孝行。

三、活动目标

1. 让学生知道传统文化中关于孝的基本道理，领会孝道文化的真正内涵，增强学生在长幼相处过程中的辨别能力，树立正确的荣辱观。

2. 让学生了解先进人物身上孝德的体现，领会尽孝是高尚品德的体现，提高学生尽孝意识，增强学生履行尽孝义务的自觉性。

3. 让学生明白行动是检验孝道的试金石，领会尽孝有助于形成良好的社会风尚，引导学生主动落实尽孝方案，用持之以恒的行动提高个人道德素质。

四、活动准备

1. 收集关于孝德文化的相关知识，整理《弟子规》之孝篇的内容，指派语文科代表做好解读释义的准备。

2. 下载视频《带爷爷上学的孙子》。

3. 对家中长辈进行采访，内容是：希望晚辈如何尽孝、行孝？将采访录制成视频。

五、活动过程

（一）活动导入

同学们，孝道是中华民族重要的道德规范和精神基石。孔子曰："夫孝，德之本也。"意思是说"孝，是德行的根本"。如今，尽孝是为人子女应尽的家庭义务。我们每个人的成长都离不开长辈的关爱和呵护，作为新时代的中职生，我们必须传承中华民族孝道文化传统，履行孝敬长辈的义务，促进尊老、爱老社会风气的形成。

（二）体验·探究·分享

活动1　知孝道

设计意图：

让同学们了解孝文化的起源，感受我国孝文化的悠久历史，品读孝篇内容，领会孝文化的本意，反思自己孝行中存在的问题，增强尽孝的自觉性。

活动步骤：

1. 讲述孝文化知识（如图10-1所示）。我国最早的诗歌《诗经》中有"率见昭考，以孝以享"之句，充分说明了孝的原始意义。人们在与大自然的不断斗争中为平安而进行一种尊祖敬宗的祭祀活动。到了西周时期，孝的原始意义逐渐告别了朦胧与淡薄，趋于明显化。春秋战国时期，赡养父母成为家庭血亲关系间最基本的义务，这是当时孝文化最核心的内容。战国时代的百家争鸣，带来了全社会的思想大解放，中国儒家文化的开山鼻祖孔子，紧紧围绕赡养父母这一核心内涵，丰富和发展了孝文化内容，提出了"仁"的思想，为孝纳入儒家传统文化找到了合理的人性根基和哲学论证，完成了孝从宗教到道德、从宗族伦理向家庭伦理的转化。后经曾子、孟子等历代儒家大师的不断完善，中国孝文化从此得以全面展开。到了汉代"以孝治天下"，孝开始走上政治舞台，被纳入封建道德体系中。之后，历代统治者或思想家都把孝文化作为封建政治统治的伦理精神基础。

图10-1　杨老师讲解孝文化的起源

2. 全班同学集体朗诵《弟子规》之孝篇：
父母呼，应勿缓，父母命，行勿懒。
父母教，须敬听，父母责，须顺承。
冬则温，夏则凊，晨则省，昏则定。
出必告，反必面，居有常，业无变。
事虽小，勿擅为，苟擅为，子道亏。
物虽小，勿私藏，苟私藏，亲心伤。
亲所好，力为具，亲所恶，谨为去。
身有伤，贻亲忧，德有伤，贻亲羞。
亲爱我，孝何难，亲憎我，孝方贤。
亲有过，谏使更，怡吾色，柔吾声。
谏不入，悦复谏，号泣随，挞无怨。
亲有疾，药先尝，昼夜侍，不离床。
丧三年，常悲咽，居处变，酒肉绝。
丧尽礼，祭尽诚，事死者，如事生。
称尊长，勿呼名，对尊长，勿现能。
路遇长，疾趋揖，长无言，退恭立。
骑下马，乘下车，过犹待，百步余。
长者立，幼勿坐，长者坐，命乃坐。
尊长前，声要低，低不闻，却非宜。
进必趋，退必迟，问起对，视勿移。
事诸父，如事父，事诸兄，如事兄。
请语文科代表解读孝篇的释义。

问题探究：
1. 传统文化向我们传授了哪些孝道知识？什么是真正的孝？
2. 自己与家中长辈相处的过程中哪些言行符合孝道？哪些不符合？
3. 如何评判生活中的不孝行为？

小结：作为晚辈，孝道是我们对长辈最大的慰藉。唯有孝老爱亲才能够更好地弘扬传统文化，践行社会主义核心价值观，把自己培养成为有素养的新时代奋进者。

活动2　学孝德

设计意图：
通过学习道德榜样，让同学们比对自己对长辈的态度和行为，增强他们的自我反思能力，强化其感恩尽孝的意识。

活动步骤：
1. 播放视频《带爷爷上学的孙子》，同学们观看视频（如图10-2所示）。
2. 请同学复述视频中感动自己的情节。

图 10 - 2　同学们观看视频

问题探究：

1. 如何评价张军的尽孝行为？从他身上，你看到了哪些高尚的孝德？
2. 有人说，只有苦难才能出孝子，对这个观点，你怎么看？
3. 以张军为榜样，你从哪些方面去培养尽孝好习惯？

小结：无论身处何境，都要记住长辈的恩情。养成尽孝、行孝的好习惯，闪耀人性的光芒，培养高尚的品德。

活动 3　践行孝

设计意图：

通过对长辈心愿的了解，激发同学们践行孝的内在动力，引导他们有针对性地践行尽孝行动，实实在在地表达对长辈的关爱。

活动步骤：

1. 播放采访长辈的视频，让同学们了解长辈对晚辈尽孝的心愿。
2. 每位同学根据长辈的心愿拟定自己的尽孝行动计划，以小组为单位进行分享，选代表进行全班分享（如图 10 - 3 报示）。

图 10 - 3　小组代表分享尽孝行动计划

3. 每位同学在行动计划书的后面写下一句郑重的承诺,拍照留存,发送一份给长辈。

问题探究:

1. 在你看来,制订尽孝行动计划的意义何在?
2. 落实尽孝行动计划对于良好社会风气的形成产生什么影响?
3. 当你在落实尽孝行动计划时遇到困难,该怎么处理?

小结:尽孝是个人行为,也是一种社会行为。通过尽孝,改善家庭关系,也推动良好社会风气的形成。尽孝绝不是心血来潮,也不能昙花一现,需要持之以恒。

(三) 活动小结

1. 主持人小结。常言说"百善孝为先,孝为德之本"。"孝"是做人最基本的素质,是一个人道德修养的根本。在此,希望大家用实际行动去表达对长辈的孝敬之情。生活中,多关心和体贴长辈,理解长辈的操劳,多为长辈分担家务,满足长辈的小心愿。与长辈一道共同打造温馨和谐的家庭氛围,让长辈在心灵上多些安全感和幸福感,也让自己收获更多的关爱和呵护。

2. 班主任点评。孝德文化是国学文化中最重要的内容,引导同学们继续和发扬孝德文化是立德树人的根本要求。如今,三代同堂、四代同堂的情况很多,长辈们对后代关怀备至,而一些同学因自己原因或受父母的影响,对长辈不尽孝道,从而影响了家庭和谐,也破坏了社会风气。本次班会活动对同学们进行了孝道教育,三个活动紧密相联,取得了较好的教育效果。第一环节:知孝道。同学们学习孝道文化,了解孝道文化的来源,品读孝道文化经典,以孝道文化为标尺,检验自己的尽孝情况,反思自己的不足。第二环节:学孝德。学习榜样人物的事迹,感受榜样的力量,激发同学们对长辈的感恩之情。在观看视频的过程中,许多同学眼里饱含泪水,个别同学小声哭泣,泪水是一个人情感最真实的表达,说明同学们心中有爱、有情。紧接着,通过讨论分析中达在共识:尽孝不因生存环境的优劣而论。第三环节:践孝行。班会的主要目的就是要强化同学们的尽孝意识,增强尽孝的自觉性。活动前,同学们认真了解长辈的心愿,有针对性制订自己的尽孝计划方案。在分享尽孝方案中,大家相互学习,掌握了许多尽孝的技巧。当然,孝敬长辈,回报长辈的关爱之情,还有许多事要做。希望大家在生活中认真实施尽孝计划,在长辈面前,做一个有孝心的晚辈。

六、活动拓展

(一) 智慧加油站

与长辈和谐相处的方法有哪些?

1. 礼貌法。任何时候,都要避免对长辈大吼大叫。请记住:吼叫像针尖,每一次吼叫都会在长辈的心中留下伤痕,也会惯坏自己的脾气。与长辈相处,应有的礼节、礼貌要做到位。只有这样,才能拉近与长辈的距离。

2. 谅解法。金无足赤,人无完人。长辈对自己的关心方式难免会有失误,作为晚辈要主动谅解,学会宽容。

3. 了解法。因为了解，才能达成共同愿望。因此，建议同学们有空与长辈聊聊天，与他们交流心得，让长辈了解自己，也让自己更多地了解长辈，使尽孝行动做到有的放矢。

4. 求同存异法。自己所处的时代与家中长辈所经历的时代有许多不同，其观点存在许多差异，这是很正常的事，吸收积极的、健康的、有利于成长的价值观，对自己暂时还不能认同的观点或者一些不符合现代家庭伦理道德的观念可持有保留态度，不引发争吵。切忌对长辈的关心和教育采取抵触情绪。

5. 关心体贴法。从细微处入手，在生活上、精神上多关心长辈。哪怕是一个温暖的眼神、一句温暖的话、一次温暖的小举动……都能代表对长辈的关心。

（二）行为训练营

要求每位同学落实尽孝行动方案，举办一次家校联谊会，请长辈到场分享晚辈的尽孝故事，并将其写成宣传稿进行特别报道。

七、学生总结反思摘录

刘静：成长路上，我们享受着家中长辈无私的爱，因为他们的爱，我们的生活多了许多阳光。然而，有些叛逆的我们，在与长辈相处过程中，却认为获得长辈的爱是理所当然的，有时还嫌他们的爱有些啰嗦，表现出抗拒的情绪。本次班会活动，让我明白：一个人倘若不懂得孝敬长辈，便没有资格去享受长辈的关爱。

向琴：老师常常对我们说：懂得孝敬长辈，才会拥有真正的幸福。生活中的许多事例印证了这个道理。未来，我们要走的路还长，失去长辈的关爱会走许多弯路。为此，在生活中，我要理性接受长辈的关爱，理解他们的难处，主动尽好孝敬长辈的责任，回报长辈的养育之恩。

唐玉婷：这次感恩教育，让我明白：尽孝并不需要轰轰烈烈，实实在在地帮助长辈打理好家事，不给长辈增添麻烦，这就是尽孝。生活中，当我们与长辈发生冲突时，多理解、多包容，用平和的心态去解决亲子问题，这也是我们应有的责任与担当。

封承羽：张军带着爷爷上学，他用最朴实的举动传承了孝敬长辈的优良传统。而我在生活中，常常与爷爷发生争吵，与张军相比，我有些羞愧难当。那天，突然问起爷爷对我有什么要求，他说了一句："好好读书，少让我操心。"原来，爷爷的要求并不高，只要我努力学习，他就很开心。所以，在我的尽孝计划里，认真读书便是我对爷爷最大的孝敬。为此，我立下誓言：毕业时，我一定学有所成，凭借专业特长找一份好工作，以此回报爷爷无私的关爱。

第十一课　勤沟通　相互包容共成长

名人名言

倾听对方的任何一种意见或议论就是尊重，因为这说明我们认为对方有卓见、口才和聪明机智，反之，打瞌睡、走开或乱扯就是轻视。

——霍布斯

一、活动背景

中职生家长普遍受教育程度偏低，缺少现代家庭教育理念、知识和技能，在与孩子沟通时往往会以过往经验做主导。但孩子成长的环境与家长当年成长的环境完全不一样，他们无法接受家长用传统经验指导其成长，逆反心严重，代沟明显。本次主题班会将通过沟通体验帮助家长和孩子找到有效的亲子沟通方法，共同进步，共同成长。

二、活动内容

体验沟通、演绎沟通、约定沟通。

三、活动目标

1. 让学生和家长知道什么是有效的亲子沟通，领会双向沟通比单向沟通更具优势，明确有效沟通是化解亲子矛盾的重要方法。
2. 让学生和家长寻找引发亲子矛盾的根源，掌握有效的沟通技巧，增强学生和家长改善亲子关系的信心。
3. 让学生和家长知道约定亲子沟通的必要性，引导学生和家长将约定化为实际行动，培养亲子沟通的好习惯。

四、活动准备

1. 活动道具：A4 纸若干张。
2. 寻找亲子沟通案例，将它排练成情景剧。
3. 邀请父母和心理学教师参与此项活动。

五、活动过程

(一) 活动导入

同学们,在我们与父母相处的过程中,随着年龄的增长,特别是进入青春期,发现自己很多时候与父母沟通不了,于是,把自己的内心向家长封闭起来。此时,在家长心中,我们便成了不听话的孩子,而在我们的内心里,有种声音在嘀咕:父母老土,有代沟,不可理喻,懒得跟他们交流。面对如此尴尬的亲子关系,你觉得快乐吗?

(二) 体验·探究·分享

活动1 体验沟通

设计意图:

本活动旨在引导参与者体验有效沟通在人际交往中的重要作用,分析亲子沟通不畅的原因。

活动步骤:

1. 每位同学和家长组成一组,两人背对背坐,由主持人分发给每个人同样大小的纸,要求全体参与者按同一个方向双手拿着这张纸。

2. 主持人发出活动指令,请所有参与者闭上眼睛,游戏全过程不准发问,按要求完成以下活动:请将你手中的纸对折一次,再对折一次,在右上角撕掉一个三角形,顺时针旋转180°,在左下角撕掉一个三角形,然后请展开你的纸。游戏结束后,打开纸进行对比,看存在什么问题。

3. 主持人第二次分发给每人一张同样大小的纸,此次由家长发出指令,两人同时按指令操作,孩子不许发问,只能按指令操作,其指令内容与由家长决定,游戏结束后,再次打开纸进行对比,看有没有新的发现。主持人再发一张纸,孩子发出指令,家长按指令操作,不许发问,特别提醒游戏开始前,双方不能商量,游戏结束后,又打开纸进行对比,看这次与前次有什么不同。

5. 开始第三轮撕纸游戏,游戏指令内容可自行设定,但这次允许接受指令的一方可以提问。再次打开纸进行对比,看看这次与前两次有什么差别。

同学们玩撕纸游戏的过程如图11-1所示。

问题探究:

1. 在第一轮、第二轮撕纸游戏中,接受的指令是一样的,为什么会有不同的结果?

2. 第三轮游戏使用双向沟通,其结果又是怎样的呢?双向沟通与单向沟通相比优势在哪里?在双向沟通中完全消除双方误解了吗?如果没有,请找出双向沟通中还有哪些问题需要改进?

3. 回想日常生活中,亲子交流是否存在类似的情景?产生这种情景的原因是什么?在这些原因中,哪些是父母的问题?哪些是孩子的问题?亲子沟通中减少双方分歧的有效方法还有哪些?

图 11-1 同学们玩撕纸游戏

小结：沟通是亲子交往中必不可少的环节，通过双向沟通才能加深对彼此了解，化解误会，增强亲近感。

活动 2　演绎沟通

设计意图：

本活动旨在引导参与者在沟通中讲究技巧，学会换位思考，相互体谅、相互包容。

活动步骤：

1. 表演者展示案例情景（如图 11-2 所示）。

图 11-2　小品表演《不良沟通》

母："你野到哪儿去了？都过十点半了，你答应我 9 点钟以前回家，你无法让我相信你。"

子:"噢,我刚进家门,你也不看我全身湿透了,也不给我解释的机会,有你这样当妈的吗?"

母:"你竟然这样和我说话,从来就只知道让别人关心你的感受,你考虑我这个当妈的感受?我为了什么,还不都是为了你吗?而你却自私得要命?"

子:"你才自私,不分青红皂白开口就骂我。你才只顾自己的感受,从不为我着想。"

母:"好了,好了,我不想跟你吵了。从今天起,晚上不准出去玩,任何时候都不准出去。"

2. 将家长和同学各分成四组,特别提示:家长与家长一组,同学与同学一组,主持人分发给每个组一张纸,要求家长和孩子分别站在自己的角度写出观看情景表演的感受,各小组派代表将感受大声地说出来。

问题探究:

1. 在刚才的情景表演中,母子俩都认为对方没有站在自己的角度思考问题,你觉得问题出在哪里?

2. 化解这个矛盾,家长要做哪些改变?孩子要做哪些改变?请各小组按这个方法重新设计一场母子对话与大家分享。

3. 以家庭为单位,聊聊自己亲子沟通中哪些方面最容易引发冲突?哪些冲突是可以避免的?对不能避免的冲突,可以通过哪些方法去化解?

小结:无论是长辈还是晚辈,都要学会用正确的方法去沟通。因为只有方法得当,沟通才会产生积极的效果。

活动3 约定沟通

设计意图:

通过填写亲子沟通卡片,引导家长与孩子把沟通意识转化为沟通行动。

活动步骤:

1. 向每组家庭发放亲子沟通约定卡,要求亲子双方认真协商,完成约定卡的内容。

亲子沟通约定卡

爸爸妈妈,为了让我们的家更和谐、更幸福,把沟通变成一种习惯,特做如下约定:

沟通时间:_____

沟通方式:_____

沟通话题:_____

当我们在沟通中发生分歧和矛盾时,双方都要:

(1) _____

(2) _____

(3) _____

任意一方,没有遵守约定,违约者承担的责任或方法是:

_____

亲子签名:_____

2. 抽取家长或同学代表分享卡片所填内容（如图11-3所示）。

图11-3　同学代表分享

问题探究：

1. 在你看来，这种约定仪式有没有必要？为什么？
2. 在生活中，亲子双方如何将这份约定变成现实？

小结：我国有句古话：君子一言，驷马难追。既然亲子双方达成了一致意见，希望在场的每一位同学和家长都拿出诚意去试一试，通过有效沟通，让亲情变得更加有温度、有热度。

（三）活动小结

1. 主持人总结。同学们，当我们跨入青春期，渴望拥有的独立空间，渴望享受成人的待遇，似乎是理所当然的事。但是，以此为借口，拒绝与父母和家中长辈沟通，这种做法是不可取的。我们要明白父母和家中长辈的阅历比我们丰富，他们永远都爱着我们。即使他们的想法与我们有许多不同，有些做法我们还不能完全理解，但我们可以选择保留性地接受，在父母和家中长辈面前学会宽容、理解。在场的家长们，你的孩子慢慢长大了，爱孩子的方式要做一些改变，既让他们有独立的空间，也要为他们指明方向。希望在场的各位同学和家长，在亲子相处过程中坚持真心交流、真诚沟通，让和谐之爱永驻每个家庭！

2. 班主任点评。在长期的教育实践中，我发现中职生家庭教育最大的难题是：孩子与父母及家中长辈间的沟通障碍非常明显。为此，借助班会活动之机，再次邀请家庭成员参与亲子教育活动，这也是家校共育的重要形式。由于有了前次活动的铺垫，此次活动家长到场的情况良好，大部分同学的父母或家中长辈都到了现场，为增强活动效果创造了有利条件。首先，班会以游戏形式拉开序幕，让亲子双方在轻松愉快的氛围中感悟双向沟通在亲子交流中的重要作用。其次，情景再现，让亲子双方在分析案例的过程中，反思自己亲子交流时存在的不足，共同寻找解决问题的办法，使亲子关系能朝着有利于同学们成长和家庭和谐的方向发展。最后，彼此约定增强亲子间的互信，建立起合作共赢的亲子关系，使家庭成员的相处方式变得更加轻松、和谐、愉悦，增强家庭教育效果，通过家校共育促进亲子双方共同成长、共同发展。

本次班会活动，让家长们明白了对孩子的教育不能采取强压的方式，学会与孩子平等相处、积极沟通、换位思考，了解他们的真实想法和感受，让家庭教育更具有针对性。作为同学们来讲，也要明白一个道理：要想赢得父母和家中长辈的尊重、理解和信任，主动沟通、友好沟通是达成愿望的有效方法。

六、活动拓展

（一）智慧加油站

和父母吵架了，我们该怎么面对？

1. 先让自己冷静下来。当你和父母想吵架或者已经吵架，建议你先让自己冷静下来，不要让自己烦躁的脾气冲昏了自己的头脑，这样一点都不利于问题的解决，反而会让问题越来越复杂。

2. 分析事情的原因。暂时远离是非之地，当你确定自己足够冷静时，仔细分析事情的经过，这个时候你才可能客观地分析问题产生的原因。

3. 勇敢地面对问题。很多人在亲子关系发生问题时，选择逃避或抵制的方式，总认为自己没有错。因此，勇敢地面对问题是解决问题的重要前提。切忌离家出走或采用暴力方式对待父母，记住：逃避只会让问题更糟糕，一切冲动行为带来的都是灾难。

4. 积极解决问题。如果是自己做过分了，建议主动跟父母道歉，相信父母一定可以原谅。如果是父母的问题，找机会心平气和地与他们好好沟通，寻求最好的解决方案。

5. 采取自我调节。如果真的心里挺难受，但是又没办法和父母去沟通，找个角落宣泄一下，或者向朋友倾诉，也可以进行自我调节，如听听音乐、看看电影、吃点零食等，缓解一下烦躁的心情，让时间去淡化矛盾。

（二）行为训练营

1. 将亲子沟通协议卡带回家，贴在家中显眼的位置，家人相互提醒，共同履行承诺，如确有特殊情况，双方通过交流达成一致意见。

2. 举办一场专家讲座，专门传授亲子沟通的科学方法，并要求每位同学和家长主动将这些方法运用到亲子沟通中。

七、学生总结反思摘录

傅渝芙：那天，我们再次与家长相约共同开展自我教育，家长的真诚打动了我。作为孩子，成长到青春期时，总以为自己长大了，很多事希望家长不要插手，但又总是难以启齿，生怕说了又会遭到家长的拒绝。通过游戏活动，我们明白了：解决亲子问题的有效方法是沟通。只有采取积极有效的沟通，才能让对方很好地理解自己，避免亲子间产生误会。

孙会敏：这次班会活动，家长能放下面子和我们做朋友，一起游戏、一起表演、一起交流和沟通，共同体验亲子沟通的乐趣，彼此从对方的角度去思考问题和解决问题，共同寻找消除误会、解决问题的方法。家长的积极参与，让班会活动变得特别有意义，这种轻松和愉悦的体验拉近了我与家人的距离。

杨红：很久以前，我曾经尝试着与父母建立亲子沟通约定，却没能成功如愿。这次班会活动帮助我实现了这一愿望。在此，很感谢学校和老师为我提供了这样的机会。事后，我作为班里的宣传委员，采访了一位家长，那位家长说："你们学校的家长会很特别，在轻松的氛围中，让我们家长学习与孩子的相处之道，非常好！我得好好点个赞。"家长的认可增强了我们加快成长的信心。

万钰霞：其实，我们的父母大多文化水平不高，在教育方法上存在问题，有时不懂得理解我们，加之彼此间缺乏沟通，原本很小的矛盾，可能会被放大。本次主题班会，让我认识到了亲子沟通的重要性。作为晚辈，主动放下面子，与父母和家中长辈相约沟通的时间、方式、话题以及解决问题的方法，获得他们的认同，建立起亲子间的理解和信任。做到这些，我们才算真正成长了。

第十二课　友邻里　和睦相处乐融融

名人名言

亲善产生幸福，文明带来和谐。

——雨果

一、活动背景

邻里间的守望相助是中华民族的传统美德。一方有难，八方支援，一家有难，众人相帮，这样的传统美德让我们同胞间血脉相连。然而，随着城市现代化步伐加快，商品房取代了老宅院等多种原因，客观上造成了邻里间不熟悉、不信任，手机、电脑等让人们休闲方式多样化，弱化了邻里关系，加之生活节奏加快，社会竞争压力加大，邻里间少有深入交流，有时会出现抱怨、争吵，甚至大打出手。作为中职生，要主动践行社会主义核心价值观"文明、和谐、友善"的要求，正确处理好邻里关系，积极营造和谐的社区生活氛围。

二、活动内容

再现生活、游戏明理、行为指引。

三、活动目标

1. 让学生知道邻里有矛盾是一件正常的事，领会邻里相处方式对家庭生活的影响，增强邻里间的理解和信任。
2. 让学生掌握邻里关系相处的基本法则，领会错误的处理方式会影响邻里间的和谐，引导学生主动寻找解决邻里矛盾的方法。
3. 让学生知道构建和谐邻里关系要从身边做起，掌握处理邻里关系的技巧，增强化解邻里矛盾的信心，培养友善处理邻里关系的自觉性。

四、活动准备

1. 下载小品：《邻里关系怎么处》。
2. 每位同学准备一面镜子。
3. 每位同学书写邻居相助的故事并上传班级钉钉群，准备奖状。

五、活动过程

（一）活动导入

同学们，俗话说："远亲不如近邻，同楼都是亲人"。邻里和谐不仅影响到居家生活环境，更是展现社会文明和谐的小窗口，一声简单的问候，一次及时的伸手，一次善意的提醒……细节虽小，但这些小举动，却可以让邻里关系进一大步。和谐的邻里关系，会让我们的家庭生活收获更多的快乐和幸福。

（二）体验·探究·分享

活动 1　再现生活

设计意图：

通过观看小品《邻里关系怎么处》，再现生活中大家熟悉的邻里关系，旨在引导同学们明白邻里关系和谐的重要性。

活动步骤：

1. 欣赏小品《邻里关系怎么处》（如图 12 - 1 所示），请同学们提炼出小品中邻里关系值得称赞的地方和需要改进的地方。

图 12 - 1　同学们欣赏小品

2. 主持人邀请同学对记录情况进行分享，并畅谈观后感。

问题探究：

1. 小品中邻里矛盾是怎样的产生的？他们是怎么解决的？
2. 回想生活中，自家与邻里有没有矛盾？如果有，具体表现在哪些地方？
3. 解决邻里矛盾，双方要有什么样的心态？

小结：邻里关系是社会关系中重要组成部分，邻里间因为生活习惯、各自价值观等多方面的原因难免会产生矛盾，只要大家愿意心平气和地处理问题，握手言和才是王道。

活动 2　游戏明理

设计意图：

通过游戏活动，旨在让同学们明白：与人相处就像一面镜子，要想别人友善待你，你就要先友善待别人。

活动步骤：

1. 每位同学拿出试先准备好的镜子，做好活动准备。

2. 主持人讲解活动情况，在主持人发出指令时，每位同学对着镜子表演情景，如主持人说："微笑、嚎哭、咬牙切齿……"大家面对镜子微笑、嚎哭、咬牙切齿……

3. 主持人邀请表演好的和表演差的同学进行全班展示。

活动过程如图 12-2 所示。

图 12-2　游戏活动：照镜子

问题探究：

1. 通过游戏体验，你明白了什么？它折射出了什么样的人际交往法则？

2. 回顾自己和家人与邻居相处中有哪些相互友好的表现？这种友好氛围是怎样形成的？

3. 邻里相处中，任何一方的不友善给对方带来什么样的影响？请举例说明。

小结：平等友好是邻里间最重要的人际交往法则。向邻居主动伸出友善的橄榄枝，也许你会收获不一样的结果。

活动 3　行为指引

设计意图：

通过颁发"邻里互助奖"，旨在引导同学们用实际行动去改善邻里关系，营造和谐、温馨的社区生活氛围。

活动步骤：

1. 同学们拿出手机，进入班级钉钉群，浏览课前上传的邻里相助故事，以投票方式评出最佳"邻里互助奖"。

说明：每位同学只能投三名同学的票，统计的票数要真实、有效。

2. 主持人邀请获奖者发表感言，并向获奖者颁发奖状或者奖品（如图12-3所示）。

图12-3 获奖者合影

问题探究：

1. 同学们在评选"邻里互助奖"活动中，发现自己的评选对象在处理邻里关系方面都有些什么样的共同特点？
2. 当你或家人与邻居间产生误解时，正确的处理方法是什么？
3. 反思自己或家人哪些方面的陋习影响了邻里关系？如何解决？
4. 当你发现邻居陋习多，采取哪些有效的办法来解决问题？

小结：理解、包容、善解人意、互帮互助、良好的生活习惯是好邻居的相处之道。当然，如果在邻里相处过程中，发生了相互间不可调和的矛盾时，可找居委会解决，严重时也可使用法律手段维权。

（三）活动小结

1. 主持人小结。同学们，居家礼仪的核心是互敬、互信、互助、互谅，邻里间相处，多一份自律，就会少一份打扰，多一份谦让，就会少一份争执，多一份宽容，就会少一份抱怨，多一份关爱，就会多一份温暖。学会与邻里友好相处，是我们应尽的责任和义务，让我们一起为构建和谐的邻里关系努力吧！

2. 班主任点评。在社会主义家庭美德要求中有一项特别的要求：邻里和睦。生活和谐、安居乐业是我们每个家庭的理想追求。邻里之间和睦相处是一种仁爱光芒的展现，它有助于构建温馨和谐的社区环境。本次班会活动，同学们对邻里关系有了更深刻的认识。场景再现，引导同学们分析邻里间产生矛盾的原因，主动反思自己和家人的行为，调整好心态，正确面对邻里矛盾。通过游戏体验、讨论交流，同学们掌握了邻里相处的基本法则，克服不良的行为习惯，共建和谐的邻里关系。通过评选邻里互助奖，引导同学们向身边的榜样学习，面对邻里间发生的问题，采取友好的方式解决。当然，如果自己或家人在与邻里相处过程中，遇到较大的伤害，可以在道德和法律允许的范围内解决问题，切忌采用暴力方式解决冲突。

六、活动拓展

（一）智慧加油站

1. 在邻里间发生冲突时，如何保持克制的情绪？

（1）深呼吸10秒。如果在生活中与邻居发生冲突而产生怒火时，边数数边深呼吸10秒，根据怒火发生的程度可反复做这个动作，让自己的情绪慢慢平复下来，理性思考解决问题的方法。

（2）暂时转身离开。特别是面对那种无理的邻居，此时，你心中默念"我很优秀，不与他一般见识"，在暗示和鼓励自己中暂时消化情绪，给自己寻找解决问题的时间和空间。

（3）进行有效的倾诉。找一个可靠的朋友或者通过文字的方式记录自己与邻居发生矛盾的心情，切忌让这种心情公开化。

（4）尝试着反问自己。人们常说"一个巴掌拍不响"，自己和家人与邻居发生矛盾，可静下心来反问自己，在这个矛盾中自己有没有过错。

2. 当自家的利益确实遭遇邻居的严重侵害时，有哪些办法可以阻止侵害的发展？

（1）找中间人进行调解。所谓当局者迷，旁观者清。因此，在遭遇邻里严重侵害而又无法摆脱时，可找个中间人出来评评理，用和平方式解决问题。

（2）请求社区人员帮忙。社区组织是为民提供服务的公益性服务组织，有难事可主动请求社区人员的帮助，以求较快地解决问题。

（3）寻求法律解决途径。每个公民的权益都是受到法律的保护，在遭遇邻里人身攻击时，可在法律范围内进行自卫或寻找警察保护。当邻居严重侵害自家财产时，可通过法律途径求得赔偿。

（二）行为训练营

由班团委干部商议，委托写作能力强的同学执笔写一份"邻里守望"的倡议书，全班同学在倡议书上签字，并将倡议书上传至班级钉钉群公告中。

七、学生总结反思摘录

彭源圆："同一片天，脚踏一方地，东西南北聚一起，有缘便是一家亲。"这句话反映的是生活中的邻里关系。在我看来，邻里相聚真的是一种缘分，咫尺之间彼此相伴左右，是件非常美好的事。然而，邻里间因生活态度、价值观念、行为方式等方面的不同，总会产生一些分歧和矛盾。本次班会活动围绕邻里关系进行了体验、讨论、交流，让我明白接纳差异，感受邻里交往的多样性也是不错的选择。

张瑶涵：班会活动中，我们开心地玩游戏，感悟游戏中处世哲学，懂得了尊重和友善是邻里间的相处之道。搞好邻里和谐，提高居家生活质量，这一直是我的愿望。而我的邻居嗓门特别大，让人感觉非常不舒服，我爸去打过几次招呼，也没有效果。平时见面，我们从不打招呼，感觉有些别扭。班会活动后，我突然想换个方法试试。那天，在电梯里相遇了，我冲着邻家大嫂扮了个鬼脸，她相视一笑。对方似乎感受到了我传达的善意，那天，邻居家传出的声音变小了。这也许就是友善带来的魅力吧！

李欣：我获得了邻里互助奖，特别高兴。我们家和邻居是多年的老朋友，彼此间有浓厚的感情。我爸喜欢热闹，邻家刘叔也非常好客，所以，两家人不是亲人胜似亲人。我们家有困难找刘叔，他总是很热心地帮我们解决，刘叔家遇到难事，爸妈也是积极帮衬。愿大家和我一样，都能遇上一个好邻居！

尹皖瑜：面对生活中的陋习，我们不要只期待邻居的改变，还要看看自己有哪些地方做得不够好。那天，我回家时，看到爸爸又将烟头随手扔在过道，于是，再次提醒他注意公共卫生。搞好邻里关系，从改变自身陋习开始，用自律赢得邻里的好印象，构建和睦的邻里关系，这是我们每个人应有的责任。

第三单元
他人和集体责任担当

第十三课　反欺凌　平安校园共守护

名人名言

施展暴力又无理由，只会自食其果。

——贺拉斯

一、活动背景

近几年来，校园欺凌事件频频发生，严重影响中职生身心健康的发展，造成极其恶劣的社会影响。为此，对中职生加强预防校园欺凌教育，引导同学们认识校园欺凌的危害性，增强反对校园欺凌的意识，懂得运用正确的方法和手段保护自己和他人免受校园欺凌的伤害，积极创建安全、文明、有序的校园环境。

二、活动内容

识真相、析原因、寻对策。

三、活动目标

1. 帮助同学们认识校园欺凌的真实现象及产生的危害。
2. 引导同学们剖析校园欺凌产生的原因，增强其遵纪守法的观念。
3. 教会同学们掌握预防校园欺凌的方法，提高反欺凌的能力，学会自我保护。

四、活动准备

1. 以小组为单位收集与校园欺凌相关的视频、图片、文字资料等。

2. 人手一个手机,以备投票使用。
3. 准备笔和纸,以备书写讨论结果。

五、活动过程

(一) 活动导入

同学们,校园本是一方净土、文明的殿堂,但频频出现的校园欺凌却打破了这里应有的宁静,影响着我们的健康成长。今天,让我们一起来揭开校园欺凌的丑陋面目,用清醒的头脑和理智的思维去分辨是非,拒绝校园欺凌,尽好他人和集体责任,共同营造和谐、温馨的校园氛围。

(二) 体验·探究·分享

活动1　识真相

设计意图:

通过观看校园欺凌视频,让学生对校园欺凌产生直观感知,揭示校园欺凌的丑陋面目,充分认识校园欺凌的危害。

活动步骤:

1. 各组展示校园欺凌的视频、图片、文字资料等 (如图13-1所示)。

图13-1　小组代表分享

2. 主持人对展示情况作点评。

问题探究:

1. 通过观看视频、图片、文字资料等,你明白什么是校园欺凌吗?它有哪些具体的形式?
2. 校园欺凌给双方造成了什么样的危害?如果你是旁观者,你的感受是什么?
3. 校园欺凌给学校及社会秩序带来什么样的负面影响?

小结：无论校园欺凌发生在校园内，还是校园外，也无论它采取何种形式，其攻击性是其主要特征。在校园欺凌中，没有赢家，它不仅让自己和他人输掉了尊严，伤害了身心健康，也成为校园平安的绊脚石，影响着社会的和谐与安宁。

活动2　析原因

设计意图：

通过再次回放校园欺凌视频，加深同学们对校园欺凌的印象，引导同学们剖析校园欺凌产生的根源。

活动步骤：

1. 通过网络投票选出活动1中展示的最具代表性的校园欺凌案例。
2. 屏幕再次展示校园欺凌案例，请同学们记录下此案例中的关键点（如图13－2所示）。

图13－2　同学们观看校园欺凌案例

问题探究：

1. 校园欺凌的对象是谁？施害方和受害方有什么特点？
2. 校园欺凌现象背后隐藏着哪些问题？（从个人、家庭成长环境、社会及其他因素进行分析）
3. 校园欺凌行为应当受到什么处罚？请举例说明。
4. 我国法律法规中，有哪些严厉打击校园欺凌行为的规定？

小结：以大欺小，以多欺少，以强欺弱是校园欺凌的最典型的特点。校园欺凌不仅反映了个人道德素质低下是不良家庭教育造成的后果，也是社会负面因素综合影响下的产物。因此，无论是个人，还是家庭、社会都要承担起杜绝校园欺凌的责任和义务。请记住：校园欺凌既是违背道德的现象，也是一种违法行为，只要违法就必然遭受法律的严惩。

活动3　寻对策

设计意图：

通过情境训练方式，调动同学们的参与热情，引导他们掌握预防校园欺凌的方法，从而培养其解决问题的能力。

活动步骤：

1. 屏幕展示以下情景：

情景1：当有人向你索要钱物时……

情景2：当有人无故谩骂自己时……

情景3：当有人当众故意毁坏你的物品时……

情景4：当有人借故挑刺时……

情景5：当发现有人背后跟踪时……

情景6：当被欺凌，处于敌众我寡时……

情景7：当欺凌产生后……

情景8：当发现同伴被欺凌时……

2. 按座位就近原则全班分成8个小组，每个小组抽取相应的情景，然后围绕情景讨论：遭遇校园欺凌，我该怎么办？将讨论结果写在纸上，然后派代表对讨论结果进行全班分享。

3. 主持人引导同学们对反校园欺凌的方法进行归纳总结，然后交给宣传委员制作成海报，张贴在教室显眼位置。

问题探究：

1. 从情景表演中，我们得知，杜绝校园欺凌应掌握哪些技巧？
2. 个人哪些好习惯、好品德可以帮助自己避免遭遇校园欺凌？
3. 反对校园欺凌为何不能以暴制暴？这样做会带来什么不良后果？
4. 哪些法律或其条款可以为我们反对校园欺凌提供保障？请举例说明。

小组讨论过程如图13-3所示。

图13-3 小组讨论

小结：面对校园欺凌，首先要做到的是强大自己，养成良好的行为习惯，培养自己优秀的品德，成为别人眼中受欢迎的人。其次，反对校园欺凌，切忌以暴制暴，别拿别人的过错惩罚自己、伤害自己，学好法律知识，用法律手段正当维权。

（三）活动小结

1. 主持人小结。同学们，校园是我们一生中能留下美好记忆的地方，仇恨的种子长不出和平的芽，欺凌不能真正的解决问题。生活中，我们与人相处时，努力做到互相帮助、互相谅解、互相包容。当摩擦产生时，我们和平解决，当遭遇欺凌时，我们机智应对，当发现欺凌时，我们挺身而出。希望同学们都能做到反对校园欺凌，为构建和谐校园贡献一份力量。

2. 班主任点评。人生路上的相逢原本是最可贵的，然而有人却不珍惜。本次班会活动，同学们的准备相当充分，收集了许多反映校园欺凌的图片、视频及文字资料并进行了归类整理，分享过程十分流畅。三个环节层层递进，符合同学们的认知规律。第一环节，识真相。同学们通过观看视频、分享图片及相关资料了解校园欺凌的内涵及其表现形式，深刻认识校园欺凌对"受害者""欺凌者"和"旁观者"都造成了伤害，使其身体和心灵受到双重创伤，所留下的阴影在很长时期难以平复。第二环节，析原因。通过分析，同学们了解到校园欺凌是一种不良的社会现象，它的起因是多种因素共同作用的结果，其情况较为复杂。根据同学们回答的情况，我将防止校园欺凌的方法归纳为三点：一是提高自身素质，二是正确对待家庭教育的得失，三是抵制社会不良风气和负面因素的影响。同学们，杜绝校园暴力是我们必须修炼的人品，只有认真修炼，才能有效提升个人素质，从而塑造良好的自我形象。第三环节，寻对策。各小组通过情景表演以及事后的讨论、交流、归纳、总结，掌握了反校园欺凌的技巧和方法，明白好习惯、好品德是帮助自己避免校园暴力的良方。反对校园暴力，切忌冲动和鲁莽，多学法、知法，学会用法律武器保护自己的合法权益。

六、活动拓展

（一）智慧加油站

应对校园欺凌，职业学校生必须增强五个意识：

第一，要有知法、守法的意识。任何违法行为都应该受到法律的惩罚。

第二，要有强烈的自我保护意识。在校园欺凌侵害面前不畏惧。

第三，要有方法和策略意识。在力量悬殊的情况下，切记不能蛮干。

第四，要有见义勇为、见义智为、见义巧为的意识。在保护自身安全的前提下对他人实施救助。

第五，要有强烈的报告意识和证据意识。及时上报并注意搜集证据，以便在需要的时候出示。

（二）行为训练营

以小组为单位，出一期"反欺凌 共同守护平安校园"的手抄报，选出优秀作品进行展示，以供大家相互学习。

七、学生总结反思摘录

王徐露：从小学到现在，一直困扰我们安全的一个突出问题就是校园欺凌。在我上初中时，邻居家小孩子因校园欺凌成为了精神病患者，从那时起，我对校园欺凌深恶痛绝。本次班会活动让我们再次掀开校园欺凌的面纱，揭露这一丑恶现象，对其所造成的危害表示愤慨。维护校园和谐、反对校园欺凌是我义不容辞的责任。作为安全委员，我一定履行好安全职责，尽自己所能为同学们守好安全的防线，绝不能让校园欺凌发生在班级里。

刘双：班会活动中，我认真参与集体讨论，和同学们一道分析校园欺凌产生的原因，充分意识到：预防校园欺凌，必须在提升个人素质上下功夫。作为"欺凌者"，必须提高法律意识，敬畏法律的尊严和权威，自觉做到遵纪守法，学会与人友好相处。作为"被欺凌者"，树立明确的理想和志向，积极参与健康有益的活动，让自己变得优秀起来，减少被欺凌的风险。作为"旁观者"，不仅要培养乐于助人的好品质，还要训练大胆、勇敢、见义勇为的性格，增强反校园欺凌的本领。

余焱：班会活动的情景表演，只有提示，没有特定的内容，各小组同学脑洞大开，把杜绝校园欺凌的情节演得有声有色。特别是第三组的表演，情景真实而有感染力，对那些故意在班级里称王称霸的同学予以忠告。在此，我想告诉大家，杜绝校园暴力切勿冲动。只有在道德和法律范围内的回击，才是最有效、最健康的。

杨诗雨：校园欺凌不可忍，它既伤害别人，又会影响自己的身心健康。我们要珍惜相遇的缘分，对别人友好，也是善待自己。伤害他人，也会毁掉自己。学会与人平等相处，相互尊重，这是人际交往中最基本的法则。

第十四课　守诚信　立身之本莫忘记

名人名言

凡人立于天地间，遇事必当之以"诚"，而后人始信其为人，乃得有为人之价值。尚诈术者，何能立名建业。

——吕鹏搏

一、活动背景

诚信是一个人健康成长的基石，也是一个人立身处世的根本。然而，在生活中，却有人不讲诚信，有人认为诚信会吃亏，这些关于诚信的负能量传播以及一些不诚信行为的出现影响着分辨能力不强的中职生。同时，一些家长家教方法不当，导致孩子对诚信品质产生了质疑，从而影响其正常的人际交往。为此，非常有必要对中职生加强诚信教育，帮助他们认识诚信不仅是人际交往中的重要品质，也是对他人、对集体负责的表现。

二、活动内容

感悟诚信、话说诚信、践行诚信。

三、活动目标

1. 让学生认识和理解诚信，领会诚信是人际交往中必不可少的品质，明确诚信是对自己和他人负责的表现，引导学生反思自己在生活中是否做到诚信，并立下改进不诚信缺点的决心。
2. 让学生明白诚信与吃亏没有必然联系，领会人际交往中必须把握好诚信交往的尺度，增强互信意识，树立正确的诚信观，克服诚信交往中的不良攀比心理。
3. 让学生知道信任是选择交友对象的前提，领会接受他人信任和相信他人同样重要，增强学生人际交往和团队生活中的诚信交往意识；引导学生以积极行动塑造诚信形象，营造和谐的人际氛围。

四、活动准备

1.3 人为一组，每位小组成员分别设计 5 个问题。

问题设计示例："我们学的旅游专业，是与否？""开水的正常温度有 100 ℃，是与否？"等。

2. 主持人将全班同学分成六组,准备与诚信相关的讨论话题。

五、活动过程

(一)活动导入

同学们,诚实守信是中华民族的传统美德,是我们每个人立身处世的基本道德准则。一个人倘若抛弃诚信,必然会有一场"孤雁"之行。人生因诚信才会精彩,友情因诚信才会牢固。诚信是一种品质,更是一种责任。请在你的心中播下诚信的种子,并用诚信的行动去获取他人对自己的信任,让诚信之花点亮你的生活。

(二)体验·探究·分享

活动1 感悟诚信

设计意图:

通过活动体验,旨在激发同学们参与活动的热情,使之在活动中感悟诚信在人际交往中的重要作用,引导他们在生活中践约守信,诚实做人。

活动步骤:

1. 主持人介绍游戏名称:口是心非。
2. 主持人宣布游戏规则:在3人小组内,甲同学提问,乙同学作答。要求动作和语言并用作答即用摇头或点头表示真实的答案,而嘴里却说错误答案。丙同学当裁判,评定双方是否按规则开展游戏活动。

举例:

甲同学说:"我们学的是旅游专业",乙同学摇头表示否认这个事实,但嘴里一定要说"是"。丙同学当裁判,对甲乙同学的对答进行评判,符合要求加1分,不符合要求不计分。

3. 主持人邀请三位同学做示范,让同学们理解游戏活动的规则。
4. 由指定的主裁判统一发令,各组开始按游戏规则开展活动。
5. 第一轮结束后,小组内角色调换,继续开始第二轮和第三轮游戏,最后由小组长公布组内活动结果。

备注:要求是快问快答,每轮不超过20秒。

活动过程如图14-1所示。

问题探究:

1. 在刚才的游戏活动中,你有什么体会?请用一句话概括诚信的内涵。
2. 人际交往中做到诚信会给自己和他人带来哪些收益?缺少诚信品质会带来什么样的不良后果?由此说明什么?
3. 为什么说诚信既是对自己负责,也是对他人负责的一种表现?
4. 想想自己在哪些方面还没有做到诚信?如何修正这些不诚信的缺点?

图 14-1 游戏活动：口是心非

小结：诚信强调为人处世要做到表里如一，言行一致。诚信是一个人在生活中不可缺少的道德品质。做到诚实守信，这既是对自己负责，也是对他人负责。培养诚信品质，常反思，勤修正。

活动 2　话说诚信

设计意图：

通过问题讨论，引导大家提高对诚信的认识，增强生活中的是非辨别能力，树立正确的诚信交往观。

活动步骤：

1. 屏幕展示关于诚信的讨论话题：

问题 1：诚信是一种理想化的美德，现实生活中做不到，讲诚信者往往会吃亏。这种说法对不对？请谈谈你的观点。

问题 2：有人认为，别人诚信，我诚信，别人不诚信，我也不诚信。这种说法对不对？请谈谈你的观点。

2. 分别由六个组的组长进行抽签，然后组织大家针对抽到的问题开展一个小论坛活动（如图 14-2 所示），要求每个参与者均要发表自己的观点，然后在屏幕上展示出来。

3. 各小组派代表进行总结性发言。

问题探究：

1. 现实生活中，诚信交往把握好哪些尺度便不会吃亏？
2. 与人交往中建立互信的前提是什么？
3. 面对他人的不诚信，我们应有的态度是什么？
4. 如何克服生活中存在的虚假"攀比"心理？

小结：诚信吃亏的观点是片面的，一个不贪恋小便宜、不轻信他人谎言的人是不会吃亏的。彼此双方都做到诚信是建立相互信任的前提，面对他人的不诚信，坚持原则，保持警惕，切忌随意与人进行虚假"攀比"。

图 14-2 小组讨论

活动3 践行诚信

设计意图：

通过活动体验，拉近同学之间的距离，启发同学们在学习和生活中建立相互支持、相互信任、相互负责、相互协助的关系，增进彼此的友谊。

活动步骤：

1. 第一次游戏：两人一组，每个同学可以自由选择伙伴，两个同向站立，一人身体往后倒，一人在后面支撑同伴身体，然后交换做。

2. 第二次游戏：将同学分成若干个小组（原则上11人一组），在组内任意选择一个同学站到圈的中央，其余同学围成一个圈，直径2~2.5米，当主持人发出活动开始号令后，站在中间的同学说："我准备好了，我的团体准备好了么？"大家回答："我们准备好了。"站在中间的同学继续说："我倒了。"大家说："倒吧。"此时，站在中间的同学身体往后倒在团队成员的手中，团队成员将他按顺时针方向推动两圈。

3. 小组成员依次站到中间，体验游戏活动。

（温馨提示：活动时一定要注意安全，切忌开玩笑）

游戏过程如图14-3所示。

问题探究：

1. 第一次游戏中，你选择伙伴的理由是什么？这说明，在你们的交往中什么最重要？

2. 第二次游戏中，大家各自应该有什么样的心态来完成这样游戏？

3. 假设在这个群体中，有一个人不讲诚信，会产生什么样的后果？这个后果会给人际交往和团队发展带来什么不良影响？

4. 在团队生活中，我们要从哪些方面塑造个人诚信形象，赢得他人和团队的信任？

小结： 友谊的播种、团队的和谐离不开诚信，互信是友谊的纽带和团队共进的基础。在团队生活中，没有诚信，个人会失去在团队中成长的机会，团队也会因为缺少凝聚力丧

图 14-3 游戏活动

失发展的机会。因此，团队生活需要诚信。为了自己的成长，也为了团队的发展，每个人都要用实际行动建立与他人和团队的互信关系。只有这样，友谊才会长久，个人与团队才能携手共进。

（三）活动小结

1. 主持人小结。同学们，在人际交往中，无论任何时候，也无论遇到什么样的困难，都要把诚信放在重要位置上。在此，请你牢牢记住：诚信不仅是一种品质，更是一种责任。从身边做起，从小事做起，用诚信的准则去约束自己，用诚信的天平去化解恩怨，用诚信的甘露去浇灌友谊，用诚信的力量去拓宽人际圈。把握住立身处世的根本，才能在生活中少走弯路。

2. 班主任点评。诚信是社会主义核心价值观对公民基本道德规范提出的要求，是评价公民道德行为选择的基本价值标准。本次班会活动，同学们表现非常好，积极参与、认真投入，增强了活动的实效性。寓教于乐的游戏活动增强了班会的趣味性，论坛讨论碰撞出了智慧的火花。同学们能实事求是地评判生活中关于诚信问题的是是非非，形成正确的诚信观。在活动中大胆选择相信他人，给自己一份勇气，也给他人一次选择诚信的机会，为建立互信勇敢迈出第一步，都是值得肯定的。同学们通过体验、探究、分享，在诚信问题上达成了许多共识。我主要归纳为三个方面：第一，诚信不是口是心非，当面一套，背后一套，表里如一、言行一致才是真正的诚信。生活有诚信，才会变得美好。诚信是共赢的必要条件，只有做到诚信，才会让自己受益，同时，也受益于他人；第二，诚信不代表一定会吃亏。在生活中，只要自己把握好诚信的尺度，不贪恋小便宜、不轻信他人谎言便不会吃亏。在诚信问题上不与人进行消极"攀比"，正确对待社会生活中不诚信的行为，坚持做好自己；第三，诚信是建立友谊、维持友谊的砝码，也是团队精神的黏合剂。在团队生活中，只有每一个人都恪守诚信的原则，才能增加彼此之间的信赖程度，从而将每个集体成员牢牢地黏合在一起，形成集体凝聚力，为个人发展和集体进步创造良好的机会。

六、活动拓展

（一）智慧加油站

阅读有关诚信的书，寻找更多诚信的智慧。

以下是推荐书目：

1.《诚信故事会：中学版》

推荐理由：该书是一本短文学类作品，它以故事形式生动活泼的讲述了一些诚信的故事，可读性强，且从中能学到许多诚信的智慧。

2.《给你一面水晶的镜子》

推荐理由：该书讲述了一个又一个校园里的"坏小子"和漂亮女孩之间发生的诚信故事。同时，该书所涉及的内容还有校园以外更广阔的社会和更深远的历史中那些许许多多的伟大和平常人之间的诚信故事，值得大家去品读，它可以帮助你找到解决日常生活中的诚信困扰的方法。

3.《有一种美德叫诚信》

推荐理由：该书全面论述了诚信美德在做人、做事、求学、就业、经商和家庭和睦等方面的体现，通过大量的故事和事例阐明了诚信是一个人立足于社会，求得生存和发展的通行证，值得阅读。

（二）行为训练营

开展一次个人诚信和团队诚信大检查，并写一份个人诚信承诺书和团队共建诚信的倡议书，每位同学均在承诺书和倡议书上签名。每一学月开始一次诚信反思活动，比对承诺书和倡议书找差距，提出改进措施。

七、学生总结反思摘录

李帅博：诚信是我们成长过程中必须修炼的道德品质。这次班会活动再一次让我接受了诚信教育的洗礼，它帮我澄清了诚信问题上的一些错误认识。以前我认为诚信只不过是一场作秀。而今，我意识到：只有发自内心的诚信才能体会到生活的快乐，才会真正赢得他人和团队的信任。

沈涛：一段时间，我发现自己的诚信没能打动别人的心。对于那些忘恩负义的人，我选择了以牙还牙。我以为那样做，自己可以获得快乐，然而，事实并非如此。本次班会活动，让我幡然醒悟，选择错误的方式去对待不诚信的行为，就是拿别人的过错惩罚自己，这样做的后果会适得其反，它会让自己偏离成长的正常轨道。于是，我选择了原谅，选择做回原来的自己，保持诚信的本色，开心过好每一天。

周凯：确立一种正确的诚信思维，这是对自己负责的表现，也是对他人负责的表现。用诚信感化他人、打动他人、影响他人，不仅可以让他人受益，也会让自己的内心世界变得更强大。这是我参加本次班会活动最深的感悟。

　　任桂林：通过游戏活动和论坛讨论，让我加深了对诚信的认识。一个人倘若不诚信，生活便没有阳光。诚信是一枚砝码，有了它，生命的天平才不会摇摆不定。特别是当他人用信任的态度与自己合作时，诚信便是一种考验，如果通过了这场考验，不仅会收获别人的信任，也会收获一份坚固的友谊。

第十五课　谢师恩　尊师重教践于行

名人名言

明师之恩，诚为过于天地，重于父母多矣。

——葛洪《勤求》

一、活动背景

尊师重教是中华民族的传统美德，需要中职生去继承和发扬。然而，一部分同学似乎患上"情感冷漠症"，无视老师的关心和厚爱，不受感化，不会感动，不知感恩。因此，需要对学生加强尊师重教的教育，帮助其健全人格，沉淀情感，用实际行动感恩老师的无私奉献，营造和谐的师生关系。

二、活动目标

1. 让学生了解老师工作的辛苦，懂得体谅老师的难处，引导学生树立正确的尊师观，从小事做起，为老师减轻工作负担。
2. 让学生明白宽容老师是一种高尚品德，明确换位思考是化解师生矛盾的有效方法，强化学生理解、宽容老师的意识，增强主动解决师生矛盾的自觉性。
3. 让学生知道尊师重教重在落实，引导学生从小事做起，从身边的事做起，落实尊师重教的行动。

三、活动内容

品师难、解分歧、送温暖。

四、活动准备

1. 用视频拍摄老师工作的一天，并进行剪辑，形成3~5分钟的视频片段。
2. 邀请学校老师参加班会活动，并利用专业特长，为老师准备一份小礼物。
3. 准备好纸和笔，摘录一首赞美老师的诗歌。

备注：礼物仅限学生亲手制作的小礼物，形式可以多样，禁止赠送贵重物品。

五、活动过程

（一）活动导入

同学们，对每个人来说，老师是我们成长路上的引路人，是培育我们成长的辛勤园丁，为我们付出了无私的劳动，他们不仅教给我们知识，还用宽阔的胸襟包容我们的一切。然而，在与老师相处过程中，有的同学不体谅老师的用心，甚至用不文明的方式对待老师，造成师生关系的不和谐。今天，我们就用一种特殊的方式来唤醒大家的尊师重教之情。

（二）体验·探究·分享

活动1　品师难

设计意图：
通过观看视频，增加同学们对教师职业的全面了解，激发他们的尊师重教之情。
活动步骤：
1. 播放课前拍摄的视频：《老师的一天》。视频拍摄过程如图15-1所示。

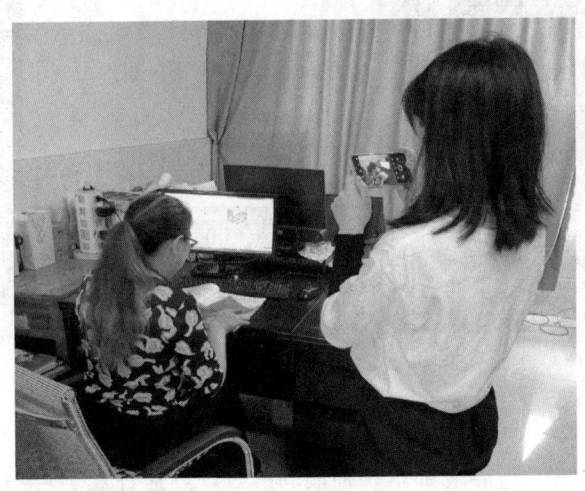

图 15-1　拍摄老师的一天

2. 请拍摄的同学谈谈感受。

问题探究：
1. 在观看视频后，你认为当老师容易吗？当一个好老师，会遇上哪些困难？
2. 在日常生活中，老师的哪些付出很容易被大家忽略？这种忽略会给师生关系带来什么影响？
3. 体谅老师难处，就要摒弃哪些错误的观点？树立什么样的尊师观？
4. 为老师减轻负担，每位同学都要做好哪些事？

小结：任何一份工作都不是一件轻松的事，当老师也不例外。老师的许多付出，我们是看不见的。与老师相处，不懂得体谅是对老师的伤害，影响着和谐师生关系的建立。体谅老师，就要有尊师重教的意识；体谅老师，就要改掉自己的陋习；体谅老师，就要主动为老师分担班级事务。

活动2　解分歧

设计意图：

通过活动，引导同学们分析与老师间产生分歧和误会的原因，学会理性对待师生间的矛盾。

活动步骤：

在组长带领下，各小组成员共同写成以下任务：

1. 列出日常生活中，师生间产生矛盾或发生分歧的常见现象。

2. 分析师生间产生矛盾或发生分歧的根本原因。

3. 选取上述分歧中的典型问题，以"假如我是老师"为题，设计一个解决矛盾或分歧的方案。同学代表进行方案分享，如图15-2所示。

图15-2　同学代表分享方案

问题探究：

1. 有人认为，理解、宽容老师是一种懦弱的表现，这种观点对吗？为什么？

2. 换位思考对解决师生分歧、化解师生矛盾有哪些好处？

3. 反思自己与老师相处中存在哪些问题？你准备怎样去面对这些问题？

小结：尊重、理解、宽容是建立良好师生关系的前提。在与老师相处过程中，不以个人意志为转移，多站在老师的角度思考问题，反思自己，与老师一道共同建立良好的师生关系。

活动3　送温暖

设计意图：

通过传送温暖，激发学生对老师的感恩之情，增进彼此间的了解和信任，引导学生培养尊师重教的好习惯。

活动步骤：

1. 集体朗诵散文《默默的蜡烛》

默默的蜡烛

您没有雄健的体魄
却给我们撑起了一片无雨的天空
您没有建筑师的双手
却给我们奠定了最坚实的基石
您没有艺术家的眼光
却给我们建起了一座座雄伟的大厦
您那渊博的知识
让我们感受文明与希望
您那高远的胸怀
让我们懂得宽容与忍让
您那高尚的人格
深深影响着我们的心灵
感谢您老师
您就像那一支默默的蜡烛
燃烧了自己却照亮了别人
有您的光明指引
我们不会在黑暗中迷失方向

诗歌来源于网络

2. 将自己事先准备好的小礼物献给老师并送上一句温暖的祝福（如图15-3所示）。

图15-3 向老师赠送贺卡

问题探究：

1. 感恩老师，尊师重教，我们还有哪些事可以做？
2. 假如家长不理解老师，你应当怎样主动作为？

小结：感恩老师是一种品德，更是一种责任。把感恩老师的心愿化作点点滴滴的行为，勇敢承担起感恩老师的责任。

（三）活动小结

1. 主持人小结。同学们，教育是立国之基，兴邦之本。老师们爱岗敬业，甘为人梯，为我们的成长默默奉献，值得尊敬和爱戴。或许我们与老师之间存在意识上的差异，在教与学的过程中有着摩擦与碰撞，但我们要善于接受老师给我们传授的知识和做人的道理，改进自己处理师生关系中存在的不足。在与老师相处过程中，把老师当作良师益友。发生分歧和矛盾时，积极与老师进行友好沟通，争做一名尊师重教的好学生。

2. 班主任点评。饮水当思源，老师为我们的健康成长付出了许多心血。尊师重教，感恩老师，是同学们应尽的责任和义务，然而在生活中，一些同学忽视老师的辛勤劳动，因一些小事对老师产生敌对情绪，导致师生交往出现不和谐的音符。本次班会活动是一次尊师重教的感恩教育活动，同学们积极准备，特别是班里的小摄影师们，跟拍老师一天的工作情景，并对拍摄进行后期编辑，这种敬业精神值得点赞！同学们在观看《老师生活的一天》更多地了解了老师工作的不易、生活的不易，发出了许多感叹。老师不是神，也是平凡人、普通人，不仅要完成工作任务，还有要工作之余照顾家人。当我们与老师相处时，多一些理解，多施一些善意，为老师减轻负担。当我们与老师产生分歧和矛盾时，学会换位思考，主动消除误会、化解分歧、解决矛盾。活动中，同学们用诗歌朗诵的形式表达了对老师的尊重和爱，也有小小的行动去回报老师的恩情。尊师重教，感恩老师，绝不能停留在表面上，也不是只做一两件小事，它需要同学们持久坚持和努力。同学们，加油吧！构建良好的师生关系，促进个人的全面发展。

六、活动拓展

（一）智慧加油站

中职生与老师相处的技巧？

1. 理解、体贴老师。教师是一份光荣而神圣的职业，老师是春蚕，是蜡烛。我们要理解老师的辛苦，经常询问和关心老师，让老师感受同学们的温暖。

2. 接受老师的教育。成长道路上有错误是必不可免的，犯错时不能死要面子，出言不逊，顶撞老师，要懂得知错就改，请求老师的原谅。

3. 主动向老师问好。遇到老师时要使用礼貌用语向老师问好，这不但能改变你在老师心目中的印象，而且也体现了你个人的高尚品德。

4. 尊重老师的劳动。上课要认真听讲，做好笔记，课后及时复习学过的知识，认真完成老师布置的作业，这些都是尊重老师劳动成果的表现。

5. 敢于承担责任。老师的工作很繁杂，主动协助老师完成工作任务，可以获得老师的信任，在工作中出现失误，不怕老师责怪，坚强面对挫折，反思过失，把工作做好，不辜负老师的信任。

6. 学会与老师做朋友。多与老师交流、谈心，询问一些学习或生活上的困惑，或者谈一些比较感兴趣的共同话题，跟老师越亲近，收获就会越多。

（二）行为训练营

1. 由班委拟定一份"感恩老师"为题的承诺书，全班同学签名并按承诺要求去行动。
2. 每位同学找老师谈一次心，结束后写一份感想，全班同学再次交流。

七、同学总结反思摘录

陈艺元：当我踏进学校的第一天，因为环境的陌生让我无所适从。在我迷茫和困惑时，是老师给了我一个温暖的拥抱。那一刻，一股暖流浸润着我的心灵。在老师们的帮助下，慢慢地我开始适应了职业学校生活。这次班会活动，老师交给我一个重要的任务：拍摄老师工作的一天。我欣然答应了这个任务，因为我想用这种方式来报答老师。

梁渝源：拍摄《老师生活的一天》，我带着好奇的心理完成这件任务。拍摄的主角是班主任，没想到她一天的事那么多。作为一名敬业的老师，她不仅关心着班里的孩子，还要完成自己的教学任务以及学校领导布置的其他任务。而且还要照顾年迈的父母和正在上学的女儿。有时，我们会看到老师在校园内一路小跑，总不明白为什么她如此忙碌。跟拍《老师生活的一天》，我突然发现当老师太辛苦了。此刻，因为了解，我对老师多了一份理解和宽容。

陈俊杰：生活中，我们有时会因为老师的一次严厉批评或无意的过失而心生怨恨。当老师与我们意见不统一时，埋怨声此起彼伏。本次班会活动，让我们对老师有了更多的了解，拉近了我们与老师的距离，同时，我也学会了与老师换位思考，对老师多了一份理解和宽容。在这里，我想说一声：老师，您辛苦了！

杨颖：几天前，我在想，给老师送一个什么样的礼物来表达自己的感恩之情，如水杯、铅笔等，这些都被我否定了。最后，我决定做一张手工贺卡，上面写上我想对老师说的心里话。班会活动中，当我小心翼翼地将礼物送给老师，没想到她特别激动，尤其是在阅读那段话之后，我看到老师眼睛湿润了。我知道，老师为了我们，不仅仅只有付出，她还受到了许多委屈。这一刻，我们的理解让她为之动容。于是，我走上前，给了老师一个大大的拥抱，告诉她：老师，我爱您！

第十六课　勇担当　班级建设靠大家

名人名言

　　一滴水只有放进大海里才永远不会干涸，一个人只有当他把自己和集体事业融合在一起的时候才能最有力量。

——雷锋

一、活动背景

　　在中职生当中，一部分人行为习惯差，迟到、早退等有损集体荣誉的事经常发生，这些人很少考虑自己的言行给集体造成的伤害。特别是在面对问题时，总喜欢把责任都推在他人的身上，好像任何事都与自己无关，从而造成集体的不和谐，影响集体的发展。为此，对中职生加强集体责任教育十分重要。

二、活动目标

　　1. 让学生明白个人是集体的一员，领会个人短板会影响集体发展，引导学生提高自我在集体中的影响力，为集体做出自己应有的贡献。

　　2. 让学生清楚集体生活中，人人都是责任人，增强学生的集体主义意识，在集体生活中做到不推卸责任。

　　3. 让学生明白每个人都要为集体建设做贡献，摒弃那种当旁观者的思想，主动承担起集体建设的责任。

三、活动内容

　　知事明理、推责可耻、郑重承诺。

四、活动准备

　　1. 收集与主题相关的材料。
　　2. 结合班情改编情景剧，由学生自主排练。
　　3. 活动用具准备：笔和纸。

五、班会过程

(一) 活动导入

同学们,我们从四面八方赶来相聚在一起,组成了新的班集体。想当初,我们踏进校园时,带着十分新奇的心情,渴望自己生活在一个美好的集体家园里。而今,我们的集体荣誉因为一些人的不良习惯和自私自利的行为受到影响。面对这种情况,我们该怎么办呢?

(二) 体验·探究·分享

活动1 触类旁通

设计意图:

通过讲述木桶理论,帮助同学们明白一个道理:在一个班集体中,个人品行的优劣会影响整个班集体的发展。

活动步骤:

1. 由同学讲述木桶效应(如图 16-1 所示)。屏幕显示两只不同的木桶,一只木桶是完整的,一只木桶中间有块板短一些。

图 16-1 同学讲述木桶效应

2. 让同学们观看这两只木桶,指出它们之间的差异。
3. 主持人结合同学们的观察讲述木桶理论:美国管理学家彼得提出由多块木板构成的水桶,其价值在于其盛水量的多少,但决定水桶盛水量多少的关键因素不是其最长的板块,而是其最短的板块,这就是著名的水桶效应。

问题探究：

1. 在刚才的木桶理论中，你明白了什么样的道理？
2. 在班集体生活中，你是那块"短板"还是"长板"？一个人的"短板"给集体荣誉带来什么样的影响？
3. 为了班集体的发展，也为了自己的健康成长，在职校生活中，你如何化"短"为"长"？

小结：一滴水与大海有着相互依存的关系，一个人与集体同样存在密不可分的联系。倘若在集体生活中，一个人的所作所为总是与集体要求格格不入，自然会影响到集体的发展。作为集体的一员，在集体生活中，要学会扬长避短，做集体生活中那块"长板"，发挥好自己在集体中的作用，这是每个集体成员的责任。

活动 2　推责可耻

设计意图：

通过创设情景，引导同学们明白推卸集体责任是一种错误的行为，从而唤醒他们的集体责任意识。

活动步骤：

1. 邀请同学表演课前排练的情景剧（如图 16 - 2 所示）。

图 16 - 2　小品表演：都是她的错

都是她的错

早上，王明迟到了，几个同学在操行评分表前看到班里因此被扣分，嘀咕道："都是她的错。"课间操结束，刘林在教室吃完香蕉，远远地将香蕉皮扔向垃圾桶，但没有投中，香蕉皮掉在地上，几个同学从旁边经过，没有人将香蕉皮拾起来，急匆匆赶进教室的雷敏踏着香蕉皮摔倒在地，雷敏的好朋友将她扶起来，嘴里埋怨扔香蕉皮的同学："都是她的错。"上午第三节课，杨鑫上课与邻桌张冰嬉戏打闹，无视老师的警告，还与老师发生争执，下课后，老师向值周老师反映情况，批评了杨鑫和张冰，同时，扣了班级分，班级有人埋怨道:"都是她的错。"午休结束后,生活老师发现202寝室厕所水龙头没关,便告知班主任,班主任在追查原因时,寝室里的同学互相包庇,结果被老师集体惩罚,事后有人悄悄嘀咕:"都是她的错。"下午上课,值日生陈琴忘记擦黑板,被检查清洁的同学扣分,由此,这个小组的同学也受到了老师的批评,有同学不服气,说:"这明明是她的错,与我们有何相干。"

2. 主持人对表演者的表演进行恰当的点评。

问题探究:

1. 在刚才的情景剧表演中,故事中的"她"有着怎样的责任?
2. 在"她"的周围,其他人有没有责任?有什么责任?我们从中受到怎样的教育?
3. 想想平时自己的班级生活中,有没有类似于"她"的事情发生?在责怪他人的同时是否考虑过自己应该承担的集体责任?
4. 在未来的班级生活中,如果再次上演"她"的故事,我们该怎么做?

小结:一个人只要在集体生活中占据了角色,就要主动担当起集体的责任。只有主动担当,共同作为,我们的集体才会变得更加美好。

活动3 郑重承诺

设计意图:

通过签订履职承诺书,培养同学们的集体自豪感,增强自己在集体中的价值体现意识和集体责任的践行意识。

活动步骤:

1. 以小组为单位,罗列出班级大大小小的事务。
2. 对上述罗列的事务进行分类,哪些是需要老师做的?哪些是同学们自己可以做的?
3. 每位同学在学生应做事务中认领任务(要求班团干部至少领两项任务,其余同学至少领取一项任务),并在任务单上签字。
4. 班长宣布履职承诺书,引领同学们郑重宣誓,保证完成任务(如图16-3所示)。

图16-3 全班同学集体宣誓

问题探究：

1. 当你认领任务后，发现自己在集体中的身份有怎样的改变？
2. 每个同学都认真履行承诺，班级面貌将会发生哪些改变？这种改变将给个人和班级发展带来哪些积极的影响？

小结：班级就犹如我们的家，要想家变得更温暖，每个成员都要主动担当，主动作为，为集体贡献自己的力量。

（三）活动小结

1. 主持人小结。同学们，班级是一个大集体，我们每个人都是集体中的一员，集体离不开我们，我们也离不开集体。在日常生活和学习中，每个人都应主动承担起班级责任，珍视集体荣誉，与班级共进步、共成长。同学们，行动起来，为营造一个团结奋进、朝气蓬勃、温暖和谐集体而努力。

2. 班主任点评。个人不能脱离集体而独立存在，而集体需要每个人发挥作用才能变强大。在集体生活中，总有一些同学表现较懒散，对集体事务"事不关己，高高挂起"。本次班会活动从培养同学们主人翁精神出发，开展了集体责任教育活动。从明理到反思再到行动落实，逐步提高同学们对集体责任的认知，增强同学们履行集体责任的意识，引导同学们增强承担集体责任的自觉性。首先，"知事明理"环节，引导同学们明白个人担当与集体发展是密不可分的。其次，"推责可耻"环节，引导学生在班级建设过程中，树立正确的荣辱观，在集体生活中，要"以担当集体责任为荣，以推卸集体责任为耻"，增强主动承担集体责任的意识。最后，"郑重承诺"环节，通过班级任务认领，引导同学们用实际行动去担当集体责任。从同学们参与活动的态度和反应来看，本次班会活动基本实现了既定的教育目标。但这不是集体责任教育的结束，反而是一个良好的开端。希望同学们带着这份热情，积极参与班集体的建设。无论你的能力如何，只要人人都各尽其能，发挥特长为集体做贡献，我们的集体才会真正成为大家成长的乐园。

六、活动拓展

（一）智慧加油站

在集体生活中，如何克服负面情绪的影响？

1. 多阅读与责任有关的书籍，吸引丰富的精神营养。这里为大家推荐一些书目：《用行动担当责任》（高玉卓）、《敢于负责勇于担当》（姚巧华）、《责任胜于能力》（李金水）。

2. 找出负面情绪产生的原因并寻找有效对策。因个人品德或个人情绪造成的，远而避之；因班级意见不统一造成的，选择冷静对待。面对不同的情况，同学们做到具体问题具体分析，采取不同的方法去解决，用正能量去消化负面情绪。

3. 转移注意力。当你觉得自己短时间内不能抗拒负面情绪的影响，就把精力放在自己喜欢干的事情上，发挥特长为班级做力所能及的事。有事做就自然不会受到负面情绪的影响，反而用无声在告诉那些负能量者，好自为之吧。

4. 与身边优秀的同学做朋友，培养宽广的胸怀。所谓近朱则赤，近墨则黑。跟优秀的同学在一起，受其健康、向上的品格影响，让自己变得阳光、开朗起来，增强对负面情绪的免疫力。

5. 调整心态。一个人不是完美的，一个集体同样也不可能完美。因为不完美才需要我们共同去建设，切忌因为集体中出现的情况而自暴自弃，或者做一些不利于集体利益的事。及时调整心态，投入到集体建设中，力所能及为集体的发展做贡献。

(二) 行为训练营

由班委制定出检验每个同学完成任务的奖惩措施，严格按照奖惩措施监督同学们完成任务，培养同学们自觉履职的好习惯。

七、学生总结反思摘录

朱银月：班级是我们成长的摇篮，是我们学习生活的乐园，更是我们共同的家园。每个人都应当以班级建设为己任，共同营造健康向上的班级氛围。然而，总有一些人对班级事务抱着"事不关己、高高挂起"的态度，看着别的班被评为优秀班集体，心里又感到特别难受。本次班会活动，给了我一次心灵洗礼的机会，让我看到了自己的短板。从今以后，我要努力提升自己，迎头赶上那些优秀的同学，成为能为集体多做贡献的一员。

徐小莉：作为班级的一员，我在反思自己是不是影响班级成长的那块"短板"，记得那次合唱比赛，因为自己心情不好而退出，班主任不得不重新寻找领唱，最后原本有信心拿一等奖的我们却因为临场换角影响了大家的发挥，这件事一直让我很懊悔。现在，我已深刻的意识到：在集体利益面前不可任性，只有勇于担当，才能收获成长。

朱冰倩：最近一段时间，班级发生了一些不愉快的事，责怪声此起彼伏。面对班级中存在的问题，每个人都认为是别人的错，而自己没有任何问题。记得一位校长说过："天下兴亡，我的责任。"在集体生活中，人人都是责任人，无论发生任何事，每个人都要主动去承担。如地上有垃圾了，随手捡起来是一种责任；课堂上有人违纪了，及时制止也是一种责任……在班级管理中，时时处处都有责任的考验，扛起了责任，我们就经受住了考验。

梁沂源：在班级生活中，以前的我觉得班级管理是班主任和班干部的事，我没有当班干部，自己少管闲事，也就少生麻烦。这次班会活动，大家一起清理出那么多任务，我也主动认领了一项：管理电源。这件事虽小，但它可以培养我的责任心。自从认领了这个任务后，我发现自己在班级里也有了存在感。以后，我要认真地完成这个任务，在同学和老师心目中树立良好形象，为班级发展做出力所能及的贡献。

第十七课　促团结　凝心聚力添光彩

名人名言

人们在一起可以做出单独一个人所不能做出的事业，智慧＋双手＋力量结合在一起，几乎是万能的。

——美．韦伯斯特

一、活动背景

在一个班级里，总有一些人以自我为中心，集体荣誉感较弱，合作能力不强，团结互助的意识比较淡漠。一些同学渴望与同学交朋友，和同学一起共同做事，却因缺乏与人合作的技巧而烦恼。本次主题班会开展团结互助教育，让同学们提高对团结互助重要性的认识，掌握与人合作的技巧和方法，通过团结互助增强班级的凝聚力，形成团结向上的班风班貌。

二、活动目标

1. 让学生明白团结合作是集体获取成功的重要保证，反对一切不利于集体团结的言行，引导学生在集体生活中树立正气。

2. 让学生领会在集体生活中，做到团结并不是一件很难的事，培养学生积极担当集体责任的意识。

3. 让学生理解团结协作精神是在实践中培养起来的，引导学生以实践为基础，积极培养团结协作的好习惯。

三、活动内容

析事明理、学以养德、躬身笃行。

四、活动准备

1. 根据班级近期发生的一件事编写小品剧本，组织同学进行排练。
2. 收集与团结有关的小故事。
3. 自由组合，成立团结互助组，原则上5人一组。

五、活动过程

(一) 活动导入

高楼大厦是由一砖一石砌成，集体由一个个的个体组成。一个人的智慧和力量是有限的，但是，如果把个人的智慧和力量融入集体之中，就会变成取之不尽、用之不竭的集体智慧和力量。这样，我们的集体就会变得越来越强大。

(二) 体验·探究·分享

活动1　析事明理

设计意图：
通过小品表演，体验集体中出现不和谐气氛时的内心感受，使其明白团结合作的重要性。

活动步骤：
1. 欣赏小品表演。

尴尬的局面

旁白：运动会的报名工作眼看快要结束了，可是班级里报名者寥寥无几，体育委员很是无奈，再一次地去动员同学。

体育委员（哀求的语气）："小夏，长跑没有报，你擅长这项，这次你就代表咱们班参赛吧？"

小夏（一副事不关己的样子）："我不去，要去你自己去呀，你不是管体育的吗？何况班里人才那么多，干嘛非要我参加？"

体育委员（既生气又无奈）："这是咱们班的荣誉，每个人都要出力，为班级争光，何况你是班干部，要发挥带头作用。"

小夏（表现出愤愤不平的样子）："班级荣誉又不是只靠我一个人，我不去，你找其他人去。"（说完转身走出了教室）

旁白：体育委员非常无奈，只能动员其他的同学。她看到教室后排那几个平时喜欢运动的同学，于是走了过去。

体育委员（强装笑脸）："小芳、小雷、小韬、小梅，你们几个也来报名吧。"

小芳（边走过说）："我哪项都不会，不参加。"

小雷（看了看其他两个人）："哎，算了吧，我报一个，凑个数。"

小韬（一副不屑的样子）："你那个样子，去给班上争最后一名哟。"

小梅（推了推小雷）："去，去，去，你是我们班的英雄。"

旁白：经小韬和小梅两人你一语我一言的嘲讽，小雷也完全断了参加运动会的念头。看着这般情景，体育委员非常委屈，她感叹道："这个班还有救吗？"

表演过程如图 17-1 所示。

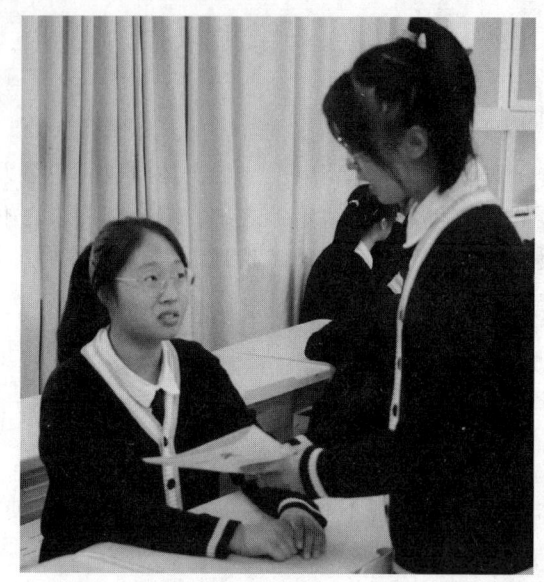

图 17-1　小品表演：体育委员的尴尬

2. 拟出小品中表现出的不和谐现象。

问题探究：

1. 如果你是体育委员，遇到这样的局面，会有什么心情？
2. 一个缺少团结精神的班级会朝什么方向发展？
3. 要想救活这个班，最有效的办法是什么？

小结：在集体生活中，团结合作精神是集体得以发展的重要保证。一个集体倘若不团结，将会变成一盘散沙。

活动 2　学以养德

设计意图：

通过故事分享，让学生学习他人身上的团结精神，获取更多与团结相关的精神营养，用以培养自己的优秀品德。

活动步骤：

1. 分享小故事《有一种团结叫举手之劳》（如图 17-2 所示）。

金辉·御江府即将在 12 月底迎来首次交付，由于物业用房暂未完工，所需的物资只能暂存于相邻的春上南滨项目。

12 月某日，三家快递公司以及数家供应商将几十件物资陆续送达春上南滨，而恰恰当日，御江府的安防主管因事外出，无法及时返回。成堆的物资无法入库，让首次接触物资收取工作的新员工王和焱焦虑不已。

当时，同一办公室的春上南滨主管邱祎看出了王和焱的难处，了解情况后，立即召集了正在维持用餐秩序的班长刘杰和三位队员，大家脱掉外套，挽起袖子，一起将几十件物资搬进库房。而后，为了在数十箱物资中寻找发票，满身灰尘的刘杰选择主动留下，将堆放在最下方的十几个箱子又一一搬出来,从一千余个文件盒中,找到了物资发票。
　　时隔不久,又有一批物资到达,虽然同事很愿意继续提供无私的帮助,但王和焱清楚,春上南滨维持秩序的岗位缺编,同事们的工作强度也很大,王和焱便不忍再向那些同事寻求帮助。此时,路过的工程班长陈茂生见状,召集了正在午休的工程师傅们。劳累一上午的工程师傅们,听闻王和焱的困难后,二话不说,挽袖子开始搬运物资。十几分钟时间,便将这批物资搬运入库。
　　在团队的帮助下,货物从零乱堆放到整齐入库存放,不过几十分钟的时间。而正是这几十分钟,大家一起帮助团队成员解决了最棘手的麻烦。这样的举手之劳,便是我们常说的团结。

图17-2　分享故事:有种团结叫举手之劳

2. 提炼故事中参与举手之劳互助行动的人物,说出他们身上体现的优秀品质。
问题探究:
1. 这个故事告诉我们什么道理?
2. 在校园内,有哪些类似举手之劳的事需要大家去做?
　　小结: 团结并不需要每个人都做出轰轰烈烈的贡献,只要你用心,从身边的小事做起,从举手之劳的事做起,就会让集体形成一种团结向上的风气。

活动3　躬身笃行

设计意图:
通过制订团结互助行动方案,增强同学们的团队合作意识,培养团队合作的好习惯。
活动步骤:
1. 以寝室为单位,完成以下任务:
(1) 各小组在组长带领下,制订本小组团结互助行动方案。
(2) 各小组派代表分享团结互助行动方案。

2. 根据个人特点或专长，寻找生活和学习中的互助伙伴，结成互助对子，约定相互帮扶内容，握手许下帮扶承诺（如图 17-3 所示）。

图 17-3　帮扶对子

问题探究：

1. 在你看来，制订团结互助行动方案是否有意义？采取哪些手段去实施该方案？
2. 每位同学都认真落实团结互助行动方案，可以培养哪些好习惯？
3. 在班级内开展结对帮扶，对个人和集体发展有哪些好处？

小结：团结不只是一句口号，它需要落实到行动中，通过实践来培养团结合作的精神。

（三）活动小结

1. 主持人小结。有人把班集体比喻为一个大熔炉，班里的同学则像一块块的煤炭。大家想要得到温暖，就必须把自己点燃，放进去的煤块越多，火就会烧得越旺，我们的班集体也会变得越来越温暖。请大家记住：温暖的班集体不是别人给予的，也不会从天上掉下来，它是全班同学的热情和爱而汇聚而成的。

2. 班主任点评。事实告诉我们：有没有团结合作的道德风尚，是判断一个集体是否健康、一个团队是否和谐的重要标志之一。在班级里，一些人总喜欢说一些不利于团结的话，做一些不利于团结的事，从而影响班级的和谐与发展，特别是那次运动会事件，班级的不团结让集体丢失了荣誉。本次班会活动，总体效果较好，达到了一定的教育目的。首先，以小品的形式将那次运动会报名的尴尬场景展现出来，让大家意识到问题的严重性。在班级生活中，做不团结的事是非常可耻的，它不仅影响个人发展，也会影响班级和谐。在班级生活中，人人都是不可缺少的一分子，都应当为班级做贡献。其次，针对班级里一些消极思想，寻找恰当的小故事，通过故事分享让大家明白一个道理：有时举手之劳便是在为集体服务，这也是一种责任和担当的体现。同时，也让大家体会到：做有利于班级团结的事，其实不是难，只要大家愿意去做这些举手之劳的事，长期坚持，好习惯便会形成，这样，班级中的难事也会变得非常容易。最后，本次班会活动，让大家清楚：任何一种品质的形成都不是一天两天形成的，也不是一件两件事情就可以解决的，它必须通过具体的行为去体现,并通过长期实践训练去养成。同学们认真制定团结互助行动方案,这是共创和谐班级的具体表现。在未来的校园生活中,希望同学们要把团结互助意识转化具体的行动,增强践行团结互助行动的自觉性。

六、活动拓展

(一) 智慧加油站

怎样做到团结协作?

1. 建立和谐关系。人际和谐是个人健康成长的重要条件,如果我们能与同学、老师之间形成和谐的信赖关系。那么,大家相处的气氛便会更融洽,更有助于形成相互尊重、理解的氛围以及友好宽松的生活环境,最大限度地发挥自己的聪明才智和热情,做更多有益集体的事。

2. 积极参与集体活动。参加集体活动可以增强团结协作意识,进而产生协同效应。在遇到困难的时候依靠集体想办法、出主意,做到"三个臭皮匠,赛过诸葛亮",积聚集体的智慧和力量去共同完成一件事情。

3. 营造你追我赶的竞争氛围。竞争是保持团队锐气的必要条件,它能促使大家在学习上更努力、工作上更用心、作风上更顽强,从而加快前进步伐。提倡团队协作精神和互补精神,就是要在目标一致的前提下团结起来,携手共进,争创一流的成绩。

4. 充分信任同学和周围的人。信任别人是一种良好的美德,在与同学相处时,一定要给予充分的信任,同时自己要谦虚一点、微笑一点、宽容一点、主动一点。圆满完成既定的各项任务,就是做到了团结协作。只有这样,才能把班级工作做得更好。

(二) 行为训练营

1. 班委每学月对团结互助小组行动方案实施情况进行一次检查,并指导其修订。

2. 每个同学认真反思自己在集体生活中做过哪些不利于团结的事,提出个人改进方案并进行落实。

七、学生总结反思摘录

张映雪:"团结就是力量",这首歌我们从小唱到大,已经耳熟能详。它告诉我们:只有团结,一切困难才可以迎刃而解;只有团结,集体才会变得更有力量。作为班级的一员,我深深地体会到:集体成员没有团结意识,很难办成一件事。体育委员事件,就证明了这一点。希望每个同学包括我在内,好好反思自己,愿咱们班不再发生此类事件。大家携起手来,共同建设和谐、温馨的班集体。

朱冰清:团结是班级产生强大凝聚力的重要因素。每个人都在埋怨咱们班像一盘散沙,却没有人仔细思考造成这样的原因是什么,自己的责任在哪里。这次班会活动后,我进行了深刻的反思:建设一个优秀的班集体绝不是一件容易的事,它需要大家共同努力,尤其是在那些负能量情绪面前,一定要坚持自己的原则,为集体发展做好自己的份内事。

张南："有种团结叫举手之劳"，这个故事让我深受启发。在集体生活中，说有利于团结的话，做有利于团结的事，其实并不难，难的是许多同学没有集体担当的精神。我是体育事件的当事人，虽然觉得十分委屈，但通过这件事，让班级问题彻底暴露出来，也是一件幸事。本次班会活动中，我与同学们一起反思，达成了共识：班级的事就是每个同学自己的事，大家各尽其能，发挥特长，积极为班级建设添砖加瓦。

王琴：在班里，我是角落里毫无声息的那位，长相不出众，也没有特长，与同学相处存在距离感。这一次，我参加了互助行动方案的制定，我被大家推荐为文明行为的监督员，这令我十分惊讶。原来，同学们看中我不说脏话的优点，希望在我的监督下，改掉不文明的陋习，争创文明班级。同时，我与李玲霖同学结成互助对子，我提醒她整理内务，她帮我改变性格。突然间，我找到了在班级的存在感，特别高兴。

第十八课　讲文明　知荣知耻树新风

名人名言

文明就是要造就有修养的人。

——罗斯金

一、活动背景

为了贯彻社会主义核心价值观的基本要求，动员同学们积极参与和谐校园建设，引导同学们共同营造良好的成长氛围，使他们在校园生活中做到守规则、讲文明、懂礼貌，把自己的爱心播散到校园的每个角落，从一点一滴的小事做起，养成文明有礼的好习惯，从而逐步提高个人素质和修养水平，向社会展现中职生的文明风采，为促进集体进步与和谐贡献自己的力量。

二、活动目标

1. 让学生认识到不文明现象是可耻的，引导学生划清文明和不文明的界限，增强学生修炼文明品质的意识。

2. 让学生明白集体荣誉是来之不易的，它需要每个成员自觉维护，增强学生的集体荣誉感，引导学生自觉抵制负能量，为维护学校荣誉积极作为。

3. 让学生用文明标准衡量什么是荣，什么是耻，领会个人的文明修养与集体发展的关系，引导学生在生活中培养文明的好习惯。

三、活动内容

校园观察、荣誉展示、诗歌创编。

四、活动准备

1. 在班级中聘请几位小记者，分成两个小组，分别拍摄校园内反映文明和不文明现象的图片。

2. 材料准备：饮用水一桶、水杯若干、笔和纸。

3. 拍摄校园荣誉墙，准备宣誓词。

五、活动过程

（一）活动导入

同学们，我国是一个有着五千年历史的文明古国，中华民族素来是一个温文尔雅、落落大方、见义勇为、谦恭礼让的文明礼仪之邦。一个人的举手投足、音容笑貌，无不体现一个人的气质与素养。荀子曰："不学礼无以立，人无礼则不生，事无礼则不成，国无礼则不宁。"文明礼仪是我们学习、生活的根基，是我们健康成长的臂膀。今天，就让我们带着一份自省的眼光来审视自己的言行是否符合文明的要求。

（二）体验·探究·分享

活动1 校园观察

设计意图：

通过观察，旨在引导同学们用反思的眼光去看待身边的问题，从而提高个人的文明意识。

活动步骤：

1. 屏幕展示小记者拍摄的校园不文明图片（如图18－1所示），请同学们寻找这些不文明现象常出现在校园哪些地方？由哪些人所为？

图18－1 小组代表分享

2. 屏幕展示小记者拍摄的校园文明图片，请同学们猜猜这些文明现象在校园何处发现的？这些事是谁做的？

注意事项：图片展示前，从图片拍摄到保存都要处于秘密状态。

问题探究：

1. 请同学们比较两组图片，想想自己更愿意生活在哪种环境中？为什么？

2. 从道德的角度如何评判那些不文明现象？文明与不文明现象的区别是什么？

小结：一个人讲文明反映的是个人风度，一群人讲文明体现的是集体的素质，一切不文明现象都应当受到道德的谴责。文明和不文明的差距就在这咫尺之间，只要大家愿意跨出一小步，文明就进一大步。

活动 2　荣誉展示

设计意图：

通过荣誉展示和补充，旨在引发同学们内心的自豪感，懂得珍视集体荣誉，激发他们争做校园文明人的热情，并将这种热情转化为具体的文明行动。

活动步骤：

1. 用屏幕展示校园荣誉墙（如图18-2所示），让学生欣赏学校获得的各种荣誉。

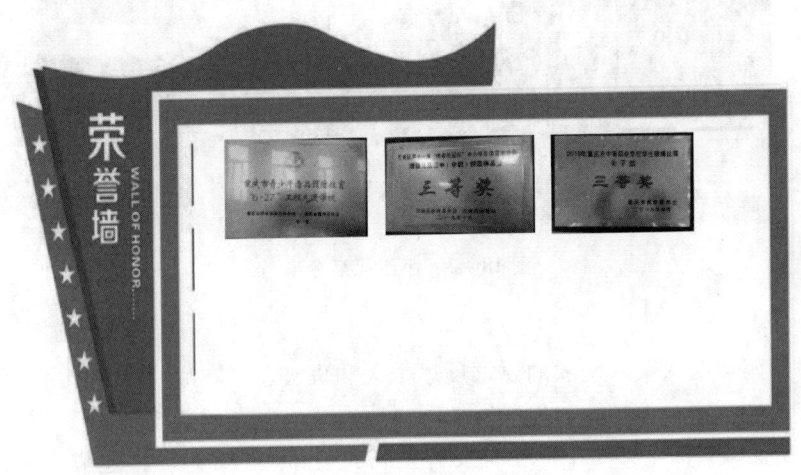

图18-2　荣誉墙

2. 以小组为单位，为荣誉墙补充内容。
3. 面对荣誉墙图片，同学们集体宣誓。

问题探究：

1. 学校荣誉是怎样获取的？这些荣誉的获得带给我们何种力量？
2. 当你面对荣誉墙宣誓时，内心有哪些变化？
3. 你准备用哪些文明方式去维护学校荣誉？从哪些方面为学校获取新的荣誉？
4. 怎样对待负能量情绪和不作为现象给学校荣誉带来的不良影响？

小结： 学校的荣誉是全体师生辛勤付出、共同努力的结果，这是一件让同学们引以为豪的事。大家要知道，每个集体荣誉的获得都是来之不易的，需要大家用文明健康的方式去守护，并争取为学校收获新的荣誉，自觉抵制影响学校荣誉的消极情绪和懒惰行为，营造健康、文明、和谐、有序的校园环境是我们每个同学义不容辞的责任。

活动 3　诗歌创编

设计意图：

通过创编校园文明荣耻歌，旨在强化同学们的文明意识，帮助他们分辨是非，增强同学们的荣耻观念。

活动步骤：

1. 以学习小组为单位，仿照八荣八耻格式，以校园文明为主题创编八荣八耻歌。
2. 各小组依次分享创编成果（如图18-3所示），并通过集体投票评出优秀作品，展示在班级文化墙内。

图18-3　小组代表分享

问题探究：

1. 比照校园文明八荣八耻歌的要求反思个人和班级还存在哪些问题？
2. 在校园生活中，你打算如何践行校园文明八荣八耻歌的要求？

小结： 在校园生活中，每个同学都要有正确的荣辱观，知道哪些是应有的行为，哪些是不该有的行为。从细微入手，从小事做起，按校园文明八荣八耻的要求规范自己的言行，争做文明学生。

（三）活动小结

1. 主持人小结。同学们，用文明语、做文明事，这是成为文明人最基本的要求。文明存在于我们生活的细微之处，它表现为一句温暖的话、一个善意的举动等。生活中，每个人的一言一行都能体现出自己的文明素质和良好的个人形象。在此我倡议：带着一份爱心，带着一份责任，争当校园文明的使者，用文明的言行为校园增光添彩。

2. 班主任点评。良好的文明习惯是同学们学习和生活的根基，是每个人健康成长的臂膀。然后，在校园的某些角落里，依然存在着一些不文明的现象，它不仅影响着个人形象，也损毁学校的荣誉。本次主题班会三大亮点：一是让同学们参与校园文明拍摄，亲眼见证那些不文明现象，对那些无视校园文明的言行表示唾弃，对那些为校园文明建设积极作为的同学给予点赞。二是通过欣赏校园荣誉墙和补充荣誉墙内容，让同学们对学校荣誉产生敬畏之情和自豪感，触动同学们内心的心灵，自觉反思和检讨自己在校园生活中的不良言行。三是通过校园文明荣耻歌的创编，增强同学们创建校园文明的认识，正身立己，主动发现自己在校园生活中的不良行为，对有损学校荣誉的不文明现象提出批评。时时刻刻坚定"建文明校园，做文明学生"的信念，踏踏实实做人，认认真真做事。在此，我提醒每位同学：以校园文明建设为己任，从现在做起，从自身做起，从点滴的小事做起，不负老师和学校领导对大家的期望，以文明人的行为我们的校园环境增添一道道亮丽的风景线。

六、活动拓展

(一) 智慧加油站

中职生在投身于校园文明建设活动中关爱他人和集体被人误解怎么办？

孔子说："人不知而不愠，不亦君子乎。"清者自清，浊者自浊，所以面对他人误解，努力做到以下几点：

1. 思想开明。千万不要处心积虑，耿耿于怀。没有必要因小误会而兴师问罪，更不要把事情往坏处想。

2. 有理智。切忌寻衅报复，胸怀坦荡容易被人理解，心胸狭窄则难以让人信服。

3. 有气度。学会微笑面对生活，因为只有你用真诚的微笑面对生活时，所有矛盾才会解开。生活中，多一个朋友多一条路。

4. 态度真诚。如果"误"在自身，诚恳向对方致歉；如果"误"在对方，不要"得理不让人"；如果"误"在第三者，懂得排除干扰。

5. 加强修养。抱着谦虚、友好、热情的交友态度，避免误会的产生。

6. 讲究方法。如果对方心直口快，你可以"单刀直入"，向他说明；如果对方性格内向，就要多花一点心思，以免再生误会。

(二) 行为训练营

1. 开展一次校园文明宣传活动，用相机记录活动中最美的镜头，以小组为单位写下这次活动的心得，由宣传委员收集整理撰写成美篇，上传网络平台对外进行宣传。

2. 开展文明标兵评选活动或者向学校推荐班级最美文明使者，对其文明事迹进行宣传报道。

七、同学总结反思摘录

余雨庭：古人说："勿以恶小而为之，勿以善小而不为。"这句话告诉我们文明行为的养成要从小事做起。本次班会活动让我意识到：在文明社会里，替不文明行为找借口是徒劳的。校园生活中，我们每个人都应当自觉提高文明意识，用文明标尺规范自己的言行，把文明的种子撒遍校园的每个角落，并努力让它生根发芽。

敬婷：平时生活中，我和大多数同学一样，很少去关注学校荣誉。这次班会活动前，我和几个班委提前参观学校荣誉室，看到学校收获那么多荣誉，非常兴奋，也很自豪。我们深知：这些荣誉的获得绝非易事，每一次收获都凝聚了许多人的汗水。在此，我倡议：珍视学校荣誉，关心学校发展，努力为学校争光。

刘福继：我作为校园文明监督岗的成员，首先做到以身示范，不做有损学校荣誉和形象的事，认真履行自己的职责，对那些不文明现象进行及时制止，多采集校园生活中的文明行为进行宣传报道,用正能量激励大家为建设校园文明而努力。

穆雨:哲学家亚里士多德说:"播种一种行为,收获一种习惯,播种一种习惯,收获一种品格,播种一种品格,收获一种命运。"这句话告诉我们:好的行为、好的习惯、好的品格才能带来好的命运。文明品格是长期养成的结果,它往往源于一些看似不经意的小事,却蕴含了足以改变个人命运的巨大能量。为此,我对自己提出三点要求:与老师、同学友好相处,自觉保护校园环境,主动爱护学校公共财物。

第四单元
社会和国家责任担当

第十九课 存公德 修炼品德提素质

名人名言

只有心地善良的人才能易于接受道德的熏陶。谁要是没有受到过善良的教育,没有感受过与人为善的那种欢乐,谁就不感觉到自己是真实而美好的事物的坚强勇敢的卫士,他就不可能成为集体的志同道合者。

——苏霍姆林斯基

一、活动背景

在公共场所某些角落里,仍然存在有违公德的现象发生,造成了不良的社会影响。中职生正值"三观"形成的关键时期,很容易受到社会负能量的影响,丧失公德心。因此,对中职生加强公德教育,引导他们客观、理性评判社会现象中的是是非非,形成正确的价值观,在日常生活中,做到存公德、知敬畏、守戒惧、明底线,通过品德修炼提升个人道德素质。

二、活动目标

1. 让学生明白遵守公德是个人优秀品质的体现,领悟遵守公德对个人成长、社会和谐发展的意义,使其明确社会公德的内容,增强学生遵守公德的意识。

2. 让学生明白在遵守公德面前立场要坚定,领悟好品德的形成不仅让自己收获,而且还使社会受益,提高学生遵守公德的自觉性。

3. 让学生知道在公德面前没有正确的是非观念既害人又害己,引导学生在公共生活中明辨是非,谴责不守公德的行为,为构建和谐社会尽一份力。

三、活动内容

品悟公德故事、坚定公德立场、评判公德行为。

四、活动准备

1. 收集与公德相关的故事。
2. 准备热身游戏活动引导语。
2. 下载几例违背公德的视频。

五、活动过程

（一）活动导入

同学们，公德是一个社会、群体中生存所必备的一种素养和基本要求，讲公德、守公德、存公德就是要求每个人遵从最起码的社会活动规则。公德不能恣意践踏或逾越，如果做了有违公德的事，必然会受到社会舆论的谴责，被别人用异样的眼光看待，成为众人心目中的异类。敬畏公德，它既是一种修养，也是一种社会责任，重视公德修养，就是在尽社会责任。

（二）体验·探究·分享

活动1　品悟公德故事

活动目的：
通过倾听别人的故事，引导同学们领会公德的内涵和基本要求，增强自觉敬畏公德的意识。

活动步骤：
1. 由一名同学讲故事，其余同学记录故事中的关键词（如图19-1所示）。

守公德的小男孩

有一次，一个满脸稚气的小男孩满头大汗地尝试使用"高级"冲便器按钮把粪便冲掉。一位叔叔问："小朋友，你想把厕所冲干净吗？"小男孩答："是。"那位叔叔说："你是小孩，不会用冲具没关系，大人们看见后，会替你冲刷的。"小男孩回答："自觉爱护公共环境卫生，大人和小孩都要做好。"

2. 请同学们分享自己记录的关键词，说出它的意义。

图 19-1 分享故事

问题探究：

1. 小男孩的举动体现了什么？
2. 像小男孩那样保持一颗公德心，对个人成长有什么好处？
3. 在公共生活中，我们应该遵守哪些社会公德？坚持做下去，对构建和谐社会产生哪些方面的积极影响？

小结：时时在心中播种善良与爱的种子，加强公德修养，争做一个合格的公民，这会让我们的社会更加和谐。

活动 2　坚定公德立场

活动目的：

敬畏公德是一个严肃的话题，通过热身活动调节气氛，用轻松愉悦的方式唤醒同学们对公德的重视。

活动步骤：

1. 主持人讲解游戏规则：全体同学保持站立姿势，认真倾听一段朗读。当听到"站"字坐下；当听到"坐"（含"座"）字站起来。
2. 主持邀请一位口齿清楚的同学有感情地朗读下面一则小故事，游戏活动开始。

有一次，小明和妹妹乘公共汽车，上车后，小明发现一个空座位，他丢下妹妹赶紧跑过去坐下。这时，过来一位老奶奶，她扶着拉手，站在小明身边。妹妹对小明说："哥哥，你看你，你坐着奶奶站着，多不好啊！你赶快站起来，让奶奶坐吧！"小明挨了批评，心里很不高兴，赌气说："你让我站着，我就偏不站，我要坐嘛！"老奶奶听了笑笑说："没关系，你坐吧，我不坐。"妹妹站在小明身旁气得撅起了小嘴，说："你真不懂礼貌，我再也不愿站在你旁边了！"这时，汽车到站了，那位奶奶下了车。望着老奶奶远去的身影，小明的心里很不是滋味，他觉得自己做错了，情不自禁地站起来，悄悄地离开了那个座位，嘴里自言自语地说："哎，怎么搞的，坐和站，站和坐，坐坐站站，站站坐坐，坐站坐站，站坐站坐，到底是站还是坐，今天我怎么糊涂了！"

游戏过程如图 19-2 所示。

图 19-2 游戏活动中

问题探究：

1. 刚才的游戏中，你的错误率高还是低？原因是什么？
2. 在公共生活中，自己在公德面前是否有过犹豫不决的现象？如果有，它给你造成了什么影响？
3. 在他人遇到困难需要帮助时，正确的做法是什么？这样做让自己收获什么？对社会又会产生什么样的积极影响？

小结： 良好的公德意识需要有稳定的立场，以举手之劳，解他人之难，让自己收获成长，让社会变得更加美好。

活动 3　评判公德行为

活动目的：

通过评判，让同学们深刻体会违背社会公德是一种害人害己的行为，它必然会受到公众的谴责。

活动步骤：

1. 播放重庆公交坠江事件视频。
2. 播放女司机被打事件视频。
3. 播放高铁霸座事件视频。

同学们观看视频，如图 19-3 所示。

问题探究：

1. 三起事件发生的根本原因是什么？
2. 如何评判那些有失公德的行为？
3. 凡做出有违公德的事，都应当受到什么惩罚？
4. 反思自己在公共生活中有哪些违背公德的现象？
5. 遵守社会公德，要从哪些方面做起？

图 19 - 3　同学们观看视频

小结：羞耻心、敬畏心是守住社会公德底线的堤坝。一个人倘若在公德面前不知羞耻，不懂得敬畏，没有是非观念，必会受到他人和社会舆论的谴责。作为中职生，要积极反思自己在遵守公德方面的过失，调整心态，改正缺点，培养遵守公德的好习惯。

（三）活动小结

1. 主持人小结。同学们，生活在一个社会大家庭里，公德之心必须人人有之，敬畏公德、遵守公德是我们每个公民应尽的社会责任。自觉遵守公德，便维护了社会公共秩序；违背社会公德，必将受到相应的惩罚。因此，为了自己的身心健康发展，也为了维护他人、集体和社会的利益，在公共生活中，努力管好自己情绪，管住自己的一言一行，从点滴做起，争做一名敬畏公德、遵守公德的好公民。

2. 班主任点评。在社会生活中，公德意识体现一个人的道德修养水平。小男孩的故事告诉同学们公德之心需要从小培养，在遵守公德面前无长幼之分，任何人都有遵守公德的义务。同时，从小男孩身上也反映出了良好的家教和个人的自我管理能力，一个小孩能如此，作为青年学生更应该遵守社会公德，树立良好的自我形象，争做一个合格公民。当然，社会是纷繁复杂的，每个人的道德水平不一样，遵守公德的表现也各有差异。有的人在遵守公德问题上毫不犹豫，把遵守公德当作自己应尽的社会义务；有的人在遵守公德问题上摇摆不定，把遵守公德当作是可做可不做的事；有的人无视社会公德的要求，践踏社会公德的权威。鉴于这些情况的存在，同学们在遵守公德面前一定要坚定公德立场。因为只有立场坚定，才能帮助我们形成正确的价值观。在一个共生共存的社会里，每一个社会活动的参与者都要遵守规则，相互尊重，文明包容。面对正在发生的不道德行为，每个人都应当勇敢地站出来给予及时的制止，让社会因文明而变得和谐有序。

六、活动拓展

（一）智慧加油站

中职生如何正确认识公德与法律的关系？

公德与法律既有区别，也有联系。

区别：公德属于道德范畴，它是社会调整公共生活中人与人之间以及个人和社会之间关系的行为规范的总和。通常是人们对个人言行进行善和恶、正义与非正义、诚实和虚伪等方面的评判或谴责，不会受到处罚或者处罚较轻。法律是由国家制定或认可并由国家强制力量保证实施的行为规范的总和，一个人违了法，就必然受到法律的严厉惩罚。

联系：公德和法律同为约束人们言行的社会规则，二者之间没有不可逾越的鸿沟，一个人在公共生活中出现了严重缺失公德的行为，超越了公德的底线，不仅要受到道德谴责，还必将受到法律的惩罚。

因此，中职生要认清公德与法律的关系。在公共生活中，自觉按照公德的要求行事，敬畏公德，不践踏公德底线，做一个有修养、讲文明的好学生。

（二）行为训练营

以小组为单位，制作"知敬畏 守公德"的海报，由班委会组织评委出最优秀的海报作品，对获胜小组进行颁奖。

七、同学总结反思摘录

李秋雪：遵守社会公德是我们中职生义务不容辞的责任。这节班会活动让我对遵守公德有了更深的体会，特别是那个小男孩的故事对我的触动很大，冲厕所的事情看似很小，但小男孩很用心地对待这件事，他内心是纯洁和善良的，爱护环境的行为是高尚的，也是值得我学习的。

张忆闻：每个人在公共生活中都要遵守社会公德，如与人相处有礼貌、坐车主动让座、不随意损坏公物、随手拾起一团垃圾、公共场所不高声喧哗等。这些事虽小，但它可以培养我们的好习惯。好习惯一旦形成，便是一种高尚的品德。作为新时代的社会公民，我要用社会公德的要求来规范自己的行为，在公共生活中树立良好的个人形象，争做一名自觉遵守社会公德的好公民。

兰文慧：班会活动引发了我的反思，开始检讨自己在公共生活中做得不够好的地方。如在寝室里，有时候，我特别兴奋，没有考虑其他同学的感受，坐公交车时，看到有人乱吐痰，却不敢去制止；有时想去帮助他人，又担心被人误解。此刻，我想用这句话鼓励自己："走自己的路，让别人去说吧。"从今以后，只要是自己应该做的，能做的，我都要主动去做，坚持去做。

陈俊杰：社会公德犹如一把公平秤，你遵守它，它就善待你。从三个视频中，我看到了有失公德所造成的影响远远比我们想象要大得多。重庆公交坠江事件，10多条鲜活生命因乘客的无理和司机对生命的无视而消失了；女司机为自己的出言不逊付出了惨痛代价；霸座女在社会的谴责声中向公众道歉。我多么希望这样的事没有发生，因为生命不可以重来，健康比什么都重要，个人声誉是人生中的无形资产。作为中职生的我，必须以此为戒，无论何时，都自觉遵守社会公德，有失公德的话坚决不说，有失公德的事坚决不做。

第二十课　行善举　传递爱心弘仁义

名人名言

善良的行为有一种好处，就是使人的灵魂变得高尚了，并且使它可以做出更美好的行为。

——卢梭

一、活动背景

近年来，行善反被恶的事件时有发生，从而导致一部分人对做好事、行善举持怀疑和观望态度。为了引导同学们树立善念、拥有善心、实践善行，把爱心变成力量，让慈善成为习惯。在社会生活中，坚持做好事、善事，积极弘扬真、善、美，传播社会正能量，积极营造崇德向善、见贤思齐、助人为乐的浓厚氛围，让慈善之花在同学们心中绚丽绽放。

二、活动目标

1. 让学生知道美好社会需要爱心，正确对待社会生活中的冷漠行为，理解爱心奉献对人生发展和社会发展的意义。

2. 让学生明白行善举是一种高尚的品德，激发学生行善积德的热情，理性对待行善吃亏的观点，以良好的心态坚持自己的善行。

3. 让学生清楚传递温暖需要行动，增强其爱心奉献意识，并化爱心意识为行善行动，积极为构建和谐尽一份力量。

三、活动内容

呼唤爱心、思辨善举、传递温暖。

四、活动准备

1. 下载公益广告《让世界充满爱》。
2. 准备辩论赛。
（1）确定辩论主题：行善举是否吃亏？正方：行善举吃亏；反方：行善举不吃亏。
（2）将全班同学分成两大组，各小选出优秀选手组成辩论小分队，每组4个人。
（3）以抽签方式确定各方辩论观点，做好辩论准备。
3. 提供续写故事素材：《老人摔倒以后》。

五、活动过程

（一）活动导入

古人云："人之初，性本善。"我们每个人都是怀着一颗善心，带着一对行善的翅膀来到这美丽的世界！善，是人类的天性，也是我们今天评价一个人道德素质的重要标准。在这纷繁复杂的社会里，有人把行善当成做傻事，有人因为行善受到了伤害。面对现实中的这些情况，我们要不要继续行善呢？

（二）体验·探究·分享

活动1　呼唤爱心

设计意图：

通过活动，旨在引导学生明白社会生活处处需要爱，树立正确的道德观，保持一颗善良的心。

活动步骤：

1. 播放公益广告《让世界充满爱》。
2. 爱心观察大比拼，即以学习小组为单位，例举生活中需要献爱心的事，限时3分钟，哪组举出的事例多便获胜（如图20-1所示）。

图20-1　小组代表分享

问题探究：

1. 公益广告传达了什么信息？例举爱心事时，你想到了什么？
2. 面对社会生活中一些冷漠无情的行为，你持什么态度？
3. 社会生活中，互助、友爱会带来哪些良好的社会效应？

小结：社会生活中，每个人都需要别人的关爱，同时，我们也要主动关爱他人。和谐社会拒绝冷漠，让爱时刻萦绕在我们身边，共同营造向上向善、德行天下的良好风尚。

活动 2　思辨善举

设计意图：

通过辩论，让同学们在行善举问题上，澄清错误的思想，树立正确的道德观，增强行善积德的意识。

活动步骤：

1. 正反双方上场，主持人宣布比赛规则和程序：

（1）正反双方均围绕"行善是否吃亏？"进行辩论，不得偏题。

（2）辩论按四个环节依次进行：立论、攻辩、自由辩论、总结陈述。

①立论。由主辩手提出本方观点，时间 1 分钟。

②攻辩。由双方二、三辩手交叉向对方二、三辩手提出三个问题并要求对方作答，每次攻辩不超过 3 分钟，其中提问不超过 10 秒，答问不超过 20 秒。最后由主辩手对攻辩作小结，时间不超过 30 秒。

特别提醒，双方必须坚持问者只管问，答者只管答。

③自由辩论。正反方辩手自动轮流发言。每方限时 5 分钟，双方总计 10 分钟，超时一方不得继续发言，双方不得回避问题或纠缠某一观点，采取多角度论辩。不得出现攻击对方人格的语言和行为。最后由主辩手对自由辩论作小结，时间不超过 30 秒。

④总结陈述。由正反双方四辩手作总结陈述，时间 3 分钟。

（3）观众提问。场上观众就本次辩论中存在的疑问向正反双方进行提问，被提问者回答问题。

2. 主持人公示评分标准：立论（10 分）、攻辩（30 分）、自由辩论（40 分）、总结陈述（20 分），回答观众提问不计分。

3. 双方按要求开始辩论，辩论结束后由主持人和教师作辩论总结。

辩论赛过程如图 20 - 2 所示。

图 20 - 2　辩论赛

问题探究：

1. 这场辩论让你得到了什么收获？在行善问题上，应当保持的正确观点是什么？
2. 如何抵制在行善过程中带来的非议和误解？

小结： 在人生道路上，只要我们秉承"行善积德，吃亏是福"的观点，把中华民族行善积德的传统美德化作了生活中的友善和爱心，个人的道德素养将会得到更大的提升，我们的社会也会变得更加温暖、和谐。

活动3 传递温暖

设计意图：

通过续写故事，引导学生保持善心，多做善事，用行动传承和发扬中华美德。

活动步骤：

1. 续写"传递温暖"故事。

（1）屏幕显示故事的前半段。一位年轻人骑着自行车在公路上行驶，这时路遇一位老年人跌跌撞撞的摔在地上，老年人呼救："年轻人，请你救救我。"年轻人摇摇头，说道："以前，我是老板，因为救了几个老年人，我的轿车没了，现在只能骑着自行车给人打工。"之后，扬长而去。年轻人走后，又过来一个人……

（2）以日常学习小组为单位，续写故事（如图20-3所示），要求后面的情景充满正能量，写完之后进行分享。

图20-3 续写爱心故事

问题探究：

1. 完成故事续写，你有什么新的收获？
2. 在行善过程中，有哪些自我保护的措施？这些措施会带来哪些积极效应？
3. 作为新时代的中职生，培养行善积德的好品质，从哪些方面做起？

小结： 行善积德要从我做起，从现在做起，做力所能及的好事，用善良的人和事洗涤我们的心灵，用平凡人的善举向社会传递正能量，闪耀人性的光辉，让道德之花在社会生活中绚丽绽放。

（三）活动小结

1. 主持人小结。同学们，记住一句话："多行善举，必有后福。"与人为善是我们与社会和谐共处的一种方式。行善不是作秀，而是为我们的人品攒积资本。有了好的人品，生命才会绽放光彩。从现在起，让我们用实际行动行善举、积善德，用爱传递正能量，让我们的生活时时充满阳光。

2. 班主任点评。整个班会活动形式多样，内容丰富，气氛良好，同学们的参与热情高涨，基本实现了既定的教育目标。"呼唤爱心"环节，让同学们通过看和想明白一个道理：和谐社会呼唤爱心和善举，冷漠带来的只有伤害，而爱心、善举却能体现人间的温情。"思辨善举"环节，通过"行善是否吃亏"的辩论赛，帮助同学们增强明辨是非的能力，明确行善积德无论在任何时候都是一种高尚的品德。生活中，多行善举，不但不亏，反而会让自己收获许多感激，使自己心灵得到净化，个人道德素养得到提高。尤其值得肯定的是，正反双方同学准备相当充分，立论观点明确，在辩论中能自觉遵守规则，没有产生争吵或无理的辩论。自由辩论中，双方都持有大量的证据来证明自己的观点，反方代表据理力争，勇气可嘉。正方也论点明确，论据充分。这场辩论赛双方都表现不错，让同学们的口才和思辨能力得到了很好地锻炼。观众提问环节，有同学向正方代表提问："小学生扶老人反被讹，虽然获得道歉，但造成了心理阴影，算不算吃亏？"正方代表回答："一个人成长中必然要经历一些挫折，小学生扶老人被讹后获得道歉，因为幼小不能完全理解成人的做法，但家长和教师做好心理辅导，是可以消除心理阴影，并且鼓励小学生克服眼前的困难，做一个阳光善良的孩子，社会不会忘记任何人的付出。"这样的解释合情合理。"传递温情"环节，通过续写故事引导同学们增强主动践行献爱心、施善行的意识，学会在献爱心、施善行的过程中懂得自我保护，避免不必要的伤害。当然，对于那些讹诈和欺骗好心人的言行，要给予严厉谴责，政府也要出台保护好心人的政策，包括用一些法律手段，既打击那些恶意沾污美好心灵的人，又给社会营造正能量的风气，促进社会风气朝着良性方向发展。

六、活动拓展

（一）智慧加油站

品读《日行一善》，感悟美好人生。

日行一善，就是多做善事好事，不以善小而不为，积善成德，不以恶小而为之，以德报怨。

日行一善，培养和引导我们从中华民族的传统美德中寻找善念，发现善源。

日行一善，培养和教育我们语言文明，会恰当使用礼貌用语，会理解别人、安慰别人、鼓励别人。

日行一善，培养和教育我们向善、行善、从善的心理品质，拥有爱心，富有同情心，怀有感恩之心。

（二）行为训练营

1. 收集生活中行善的故事，专门开一场故事会。
2. 宣传委员收集同学们生活中的好人好事做成美篇上传网络。
3. 向身边的人进行行善公益宣传。

（根据情况选择上述 1—2 个方面开展课后拓展活动）

七、同学总结反思摘录

林瑶：正如老师所说，行善可以闪耀人性光芒。回顾本次班会活动，我有些感悟和体会。其实，行善并不是一件很难的事，也不需要每个人都去做感天动地的事，只要量力而行，从身边的小事做起，时时处处奉献自己的爱心，这就是在行善。

李霞：得到别人的帮助，我非常开心，内心也充满感激。为了表达自己的感恩之情，也愿意在力所能及的范围内帮助他人。可耳边总会听到一些声音："瞧，她又在表演给别人看。"那种讽刺挖苦之言让我对行善这件事产生了消极观点，觉得多一事不如少一事。现在看来，这样的思想是不对的，它不利于自己的健康成长，也不利于集体和谐，更不符合社会对公民素质的要求。

喻莹：本次班会活动针对"行善是否吃亏"问题，我们展开了热烈讨论。从辩论准备到辩论过程，我都非常认真，收集大量资料来印证"行善不吃亏"的观点。通过这场论辩坚定了我行善积德的信念，下决心在日常生活中排除干扰，主动献爱心，为身边的人提供力所能及的帮助，用正能量影响和带动周围的人，共同营造行善积德的好风气。

刘美君：我非常佩服参加辩论赛的同学，正反双方论辩的材料都非常丰富，事例也非常典型，把社会生活中真实的一面反映出来，引发我们思考，清除自己头脑中不健康的思想，树立正确的道德观。针对社会热点："老人摔了，怎么办？"我们小组同学集思广益，认真续写这个故事。在这个故事里，我们不但为老人提供了帮助，而且还用自己的暖心举动感动周围的人，想办法让老人和家人心存感恩之心，不为社会增添麻烦。

第二十一课　懂节俭　珍惜资源护环境

名人名言

我们不要陶醉于我们对自然界的胜利，对于每一次这样的胜利，自然界都报复了我们。

——恩格斯

一、活动背景

习近平总书记提倡"光盘行动"，并在不同场合反复强调"反对舌尖上的浪费"。生活中，总有一些人无视党和政府的号召，依然我行我素，生活上节俭意识淡薄，资源浪费现象较为严重，缺失保护环境的社会责任。为此，开展"懂节俭 珍惜资源护环境"主题教育，有利于帮助中职生增强勤俭节约、爱护环境的意识，引导他们传承中华民族勤俭节约的美德，为建设美丽中国做出自己应有的贡献。

二、活动目标

1. 让学生明白身边的浪费现象十分严重，领悟勤俭节约对国家建设和社会发展的意义，增强学生勤俭节约的意识，培养勤俭节约的好习惯。
2. 让学生知道资源是我们赖以生存的宝贵财富，增强"节约资源光荣，浪费资源可耻"的意识，自觉加入到保护资源的行动中。
3. 让学生明白保护环境刻不容缓，领悟保护环境与勤俭节约、珍惜资源的关系，增强可持续发展意识，主动尽好保护环境的责任。

三、活动内容

话节约、惜资源、护环境。

四、活动准备

1. 收集校园内和社会生活中的浪费现象，拍成照片或录制成视频。
2. 从家里或寝室里清理出闲置的物品。
3. 收集与水资源相关的材料。
4. 编写剧本《教训》，并排练成小品。

五、活动过程

（一）活动导入

勤俭节约、珍惜资源、保护环境是每个公民应尽的义务。只有勤俭节约，我们的资源才能发挥更大的作用，只有珍惜资源，我们的环境才能变得更加优美。作为中职生，我们应以崇尚节约、珍惜资源、保护环境为荣，以铺张浪费、滥用资源、破坏环境为耻，努力做一名勤俭节约、珍惜资源、保护环境的宣传者、倡导者、践行者。

（二）体验·探究·分享

活动1　话节俭

设计意图：
通过交流与分享，让同学们从身边的浪费现象入手，关注勤俭节约问题。

活动步骤：
1. 交流身边的浪费现象。
（1）一至三组交流校园内的浪费现象。
（2）四至六组交流社会生活中的浪费现象。
2. 同学们将自己清理出来的闲置物品按类别放在台面上。
3. 主持人将这些闲置物品进行拍卖（如图21-1所示），并统计拍卖成功后的总价。

图 21-1　闲置物品拍卖会

问题探究：
1. 通过交流身边的浪费现象、清理和处理闲置物品时，你想到了什么？
2. 倘若生活中的浪费得不到制止，它会给国家建设和社会发展带来哪些不利影响？
3. 作为中职生，要从哪些方面培养勤俭节约的好习惯？这种习惯的培养对个人未来的成长带来哪些积极影响？

小结：到目前为止，生活中的浪费现象依然严重。我国是一个消费大国，每个人不经意间造成的浪费聚集起来就会给国家造成巨大的损失，也会带坏社会风气，影响社会的持续发展。因此，作为中职生，在日常生活中培养勤俭节约的好习惯，这既是对自己负责，也是对家庭负责、对社会和国家负责的体现。

活动 2　惜资源

设计意图：

通过计算，旨在引导同学们明白日常生活中的小浪费在日积月累后便成了大浪费，增强他们的节约意识。

活动步骤：

1. 品读材料。水是人体赖以维持基本生命活动的必要物质，人对水的需要仅次于氧气。水是人体的构成成分，在人体所有成分中水的含量最多，约占体重的2/3。一个人短期不吃饭，只要能喝到水，即使体重减轻40%，也不至于死亡。但如果几天喝不上水，机体失水6%以上，就会感到乏力、无尿，失水达20%人就会死亡。

2. 算一算。根据滴水实验，一个水龙头一分钟漏掉大约20毫升水。据此进行以下推算：

（1）一个没拧紧的水龙头一年大约浪费多少水？按1吨水体积为1000升，1吨水的价格为3元计算，一个滴水的水龙头一年会浪费多少钱？

（2）假设全国各地有13亿个水龙头存在这样的问题，国家所浪费的水资源是多少？折合人民币是多少元？

诗持人引导同学们计算浪费例题，如图 21－2 所示。

图 21－2　主持人引导同学们计算浪费例题

问题探究：

1. 品读材料，你获得了什么信息？人类生存与资源有着怎样的密切联系？
2. 通过计算，你明白什么道理？从道德的角度，如何评价生活中的浪费行为？
3. 面对资源的紧张和现实生活中的浪费行为，大家要增强什么意识？
4. 在日常生活中如何做到节约资源？

小结：资源是人类生存和发展不可缺少的物质条件，节约资源就等于保护自己。生活中，我们要反对一切浪费资源和践踏资源的可耻行为，节约资源从身边做起，从一点一滴做起。

活动3　护环境

设计意图：

通过小品欣赏，激发同学们的环境保护意识。

活动步骤：

1. 欣赏小品《教训》，表演过程如图21-3所示。

图21-3　小品表演《教训》

旁白：那天，平时没什么交道的几位废老弟相聚在一起，它们讨论如何教训人类。

废气："这个人类，真是让人忍无可忍，把我生产出来，却不要我，随意把我扔到空气中，让我上不沾天，下不着地，这日子很难受，我想教训教训这群害人之马。"

废水："废气老兄，不瞒你讲，我也正有此意。原本人类可以将我的身体洗干净重新利用，但他们特别懒惰，直接将我抛进自然，破坏自然的洁净，而我却每天都受到自然的谩骂，心里特别难受，所以，我也想教训他们。"

废垃圾："两位兄弟，我跟你们一样难受，原本不该到处流浪，却因为人类的无视和随意乱扔的行为，我不得不四处漂流，日子过得十分艰难，我有些受够了，我们大伙一起想办法教训他们。"

废水："那我们就签订合作协议吧，共同教训人类。"

废气、废垃圾："好。"

旁白：就这样几位废兄弟准备团结起来，实现它们教训人类的计划。

2. 模拟三废兄弟的想法，写出它们会采取哪些办法教训人类。

问题探究：

1. 废水、废气、废垃圾是怎样产生的？它们的教训人类的计划给我们什么样的警示？

2. 人类对于环境的破坏不仅仅表现在污染方面，还有哪些破坏行为？这些行为带来的后果是什么？

3. 保护环境与勤俭节约、珍惜资源三者之间有怎样的联系？体现什么样的发展意识？

4. 作为一名中职生，应该采取哪些行动加入到环境保护中？

小结：环境给了我们优良的生存环境，我们本应该心怀感恩之心，保护环境，这是每个公民的应尽职责。然而，在发展过程中，我们对环境的破坏太大，一次次的瘟疫、一次次的洪水、一次次的山体滑坡……环境破坏给我们的教训还没有被一些人引起足够的重视。请大家行动起来吧，发扬勤俭节约的优良品德，用实际行动珍惜资源、爱护环境，别让环境持续受到伤害，还天空一片蓝，为地披上一片绿，让我们的家园变得更加美好。

（三）活动小结

1. 主持人小结。同学们，任何一种资源对我们的生活都特别重要，面对资源的来之不易和不可再生性，我们必须发扬勤俭节约的光荣传统，从现在做起，从小事做起，节约每一滴水、每一度电、每一张纸、每一分钱……任何一种节约行为都是在承担社会责任。为了我们自己，也为了我们的未来，做到勤节俭，懂珍惜，把爱护环境融入生活的点点滴滴。

2. 班主任点评。资源问题和环境问题一直是人们关注的话题，它是功在当代、利在千秋的一件大事。为强化同学们的生态环境意识，倡导勤俭节约、绿色消费，牢固树立生态文明理念，把勤俭节约、珍惜资源、爱护环境融入日常的学习生活当中，特地开展了"懂节俭 珍惜资源护环境"的班会活动。总体上看，整个活动没有偏离主题，同学们紧紧围绕主题展开话题讨论，反思生活中存在的浪费行为，明确浪费行为既不利于个人成长，也会给家庭带来负担，给国家和社会发展带来不良影响，这样的共识形成表明同学们内心是积极、健康的。接着，同学们通过读一读、算一算，领会人类与环境不可分离的关系，计算出的数据让人震撼。日常生活中，有的同学总以为浪费一点算不了什么，当我们把这些一点点小浪费集合起来就会变成触目惊心的大浪费，巨大的浪费会给国家经济发展带来很大的负担。要知道，资源的形成本身就需要经历一个很长的过程，有的资源还具有不可再生性，照此浪费下去，不久地将来人类可能面临资源紧张或者无资源可用，这将是一件更悲惨的事。同学们已经意识到资源浪费的严重性，从思想上有了觉醒，并表示用行动去做好珍惜资源这件大事，这样的表现是值得称赞的。同学们自编、自导、自演小品，展现了个人特长，让我看到了同学们的才华，同时，大家通过这种特殊的方式感悟到了环境问题的严峻性，提高了对节约资源、保护环境的意识，升华了节约资源、保护环境的情感，并愿意自觉加入到节约资源、保护环境的行动中，这就是中职生应有的责任体现。

六、活动拓展

（一）智慧加油站

34个家庭节约小窍门

家庭是社会的最小的细胞基础，全民节约从个人到家庭，由小家到大家，人人都为国家和社会做贡献。

1. 节水

（1）不要长时间开着水龙头洗手、洗碗、洗衣服等。不用时，赶紧拧紧它，不产生滴水现象。如久用后有漏水现象，用小药瓶盖剪成垫圈放进去，可避免滴水。

（2）安装节水龙头，在厨房和浴柜的水龙头下面安装流量控制阀门。

（3）洗菜时，事先把所有的菜择好，先相对洗干净的菜，再洗较脏的菜。

（4）尽量做到一水多用。如用淘米水洗菜，用洗菜水冲厕、浇花等。

（5）将卫生间里水箱的浮球向下调整2厘米，每次冲洗可节水近3升，按家庭每天使用4次算，一年可节约水4380升。

（6）洗澡时，不长时间冲淋，多用喷头淋浴，这比用浴缸洗澡节省水量达八成之多。

（7）洗衣时，先用少量水加洗涤剂或肥皂、洗衣粉等充分浸泡，先洗去污渍，再用清水漂洗。

2. 节电

（1）养成随手关灯的习惯可以节电。

（2）选择节能灯具和可以安装节能灯的灯具。

（3）尽量用日光灯代替白炽灯。在走廊和卫生间可以安装小功率的日光灯，看电视开1瓦小灯即可。

（4）电视机亮度和音量应调在人感觉最佳的状态，过亮或音量过大都会耗电且降低使用寿命。

（5）冰箱冷藏室设在5℃，冷冻室设-6℃，冰箱处于最佳工作状态，也最省电。

（6）空调温度不宜过低，最好设定室内与室外温差为4℃~5℃。经常清洗空气过滤网。

（7）长时间不使用电脑，可以将电脑的主机和显示器关闭。短暂休息期间，尽量启用电脑的"睡眠"模式，关机后，将电源插头拔下，既节电又延长电脑寿命。

（8）选用洗衣机注意电动机的功率，恰当地减少洗涤时间。

（9）微波炉启动时用电量大，使用时尽量掌握好时间，减少重复开关次数。

（10）米在电饭锅内预先浸泡约20分钟，再通电加热可缩短煮熟时间。

3. 节约用气

（1）避免烧"空灶"。做饭时，应事先把要做的食物都准备好，然后再点火做饭。

（2）控制火的大小。做饭时，火焰分布的面积与锅底相平即为最佳。

（3）保持锅底干爽。做饭或是烧水之前，应该先把锅、壶表面的水渍擦拭干净，然后放到火上去。这样可以使热能尽快地传到锅内，从而达到节约用气的目的。

（4）煮面或鸡蛋时，用小锅，水开一分钟就关火，再加盖焖4~5分钟，不仅不会溢锅，还能节约不少燃气。

（5）厨房要保持良好的通风环境，否则燃气燃烧时没有充足的氧气，特别费气。

4. 家装节约

（1）如果原有外窗是单玻璃普通窗，可以调换成中空玻璃金属窗。

（2）东西向窗户，安装活动外遮阳装置。

（3）尽量选择布质厚密、隔热保暖效果好的窗帘。

（4）尽量缩短热水器与出水口的距离。

（5）热水管道要进行保温处理。

5. 其他节约小窍门

（1）用剩的香皂、肥皂头可以用水稍微泡一下粘在下一块上面，循环往复，也是一种节约。

（2）尽量采用布袋，如习惯使用塑料袋，让其多次利用。

（3）尽量不使用一次性物品，这样不但节约又可以减少资源浪费。

（4）买充电电池，减少污染。用完的干电池攒到30公斤后，可联系当地垃圾回收中心回收。

（5）每月卖一次废塑料废品、废纸、废玻璃、金属，让其再生使用。

（转载自《人人节约》）

（二）行为训练营

1. 由班委会拟写一份节约资源倡议书，全班同学签名。
2. 一月一评，评出班上的节俭能手。
3. 在班里或校园里收集可再生使用的废旧物品，把它做成小公益品，进行展示或拍卖，或赠送给贫困的小朋友。

七、同学总结反思摘录

赖灵：勤俭节约是中华民族的传统美德，是我们民族世代相传的精神财富，也是我们这个民族百折不挠、生生不息的力量源泉。从小学到初中，家长和教师常对我进行勤俭节约教育。在生活中，我虽然没有铺张浪费的行为，但还是有些方面做得不够好，对家长的唠叨和老师的教育有些反感，认为他们总是小题大作。通过这次主题班会，让我意识到勤俭节约并不是只关乎个人和小家的事，也是关系到社会和国家利益的一件大事。生活中，我们懂得勤俭节约，就是在为社会和国家做贡献。

黎正军：一滴水的浪费原本微不足道，许多时候，它被我们忽略。但未曾想到，在一个资源消费大国，我们每个人浪费一滴水，国家会遭受多大的损失，看到自己算出来的数字，瞬间被震撼到了。由此可见，节约不是一件小事，我们不仅要节约水，还要节约电、节约粮食、节约用纸等。对资源节约利用，才能维持国家经济的长久发展，才能让我们过上更加幸福美好的生活。

王心凌：环境是我们的恩人，也是我们人类最好的伙伴。我们与环境之间相依相存，环境赠予我们赖以生存的资源和空间，而我们通过双手把环境变得更加美好。人与自然的和谐共处，互利共赢。然而，人类的过度索取，无耻破坏让环境承受了太多的痛苦，就像小品《教训》中提到的那样，如果我们一味不重视环境的保护，总有一天，我们会遭受环境的报复。到那时，我们再来后悔，已经追悔莫及。本次班会活动，让我对自己的环保行为做了一次深刻的反思，决心从自我做起，从小事做起，为保护环境做出自己应有的贡献。

张煜琨：节约资源和保护环境是我们长期坚持的基本国策。在生活中，节约资源、保护环境要从一点一滴的小事做起。这个道理虽简单，但由于习惯问题和思想认识不到位，导致我们忽视这些小事，出现剩饭随处倒、人走不关灯等浪费资源、破坏环境的现象。我作为一名校园志愿者，在节约资源、保护环境方面，不仅要做到以身作则，还要勇敢制止那些浪费资源、践踏环境的行为，争做一名资源和环境的守护者。

第二十二课 铭历史 牢记使命挑重担

名人名言

历史是最好的教科书，也是最好的清醒剂。

——习近平

一、活动背景

为了贯彻落实教育部推动"四史"学习教育工作的精神，学校积极开展"四史"学习教育活动，引导同学们在历史中汲取精神力量，树立坚定的政治信念，领会社会发展和历史进步对青年历史责任和使命担当的要求，厚植爱国主义情怀，发挥专业学习的优势，增强立志报国的信心的决心，用学习成就未来，用知识来改变命运，为实现中华民族伟大复兴中国梦贡献力量。

二、活动目标

1. 让学生领悟革命精神的内涵，激发学生传承革命精神的激情，并用实际行动去传承革命精神。

2. 让学生知晓先辈和当今领导人对青少年承担国家责任的期望，明确党和政府关注青年责任的原因，引导学生在反思中增强国家责任意识。

3. 让学生了解专业学习与国家责任担当的关系，并立足专业，主动承担起实现中华民族伟大复兴之梦的国家责任。

三、活动内容

忆历史、明责任、挑重担。

四、活动准备

1. 全班分成六个小组，分派小组任务：一、二组收集革命故事片段，三、四组朗诵革命诗歌，五、六组演唱革命歌曲。

2. 下载《中国少年说》和习近平主席关于"青年强，则国强"的讲话视频。

3. 结合专业所对应的职业群，上网收集该职业群所涉及的行业发展现状。

五、活动过程

（一）活动导入

同学们，细数一年中革命纪念日有哪些？忆历史，缅怀浴血奋战的先烈们，感恩他们肩挑历史责任和社会责任，换来了我们今天的和平与幸福，看今朝，不忘前辈们的无私奉献，明确我们这一代人应当承担的社会责任，肩挑历史重担，为实现民族伟大复兴而努力奋斗。

（二）体验·探究·分享

活动1 忆历史

设计意图：

通过回忆历史，旨在激发同学们学习革命精神的热情，并产生对革命先烈的敬佩之情，增强他们传承革命先烈精神的意识。

活动步骤：

1. 革命故事分享（1、2组），以下是参考示例。

狼牙山五壮士

1941年8月，侵华日军华北方面军调集7万余兵力，对晋察冀边区所属的北岳、平西根据地进行毁灭性"大扫荡"。9月25日，日伪军3500余人围攻易县城西南的狼牙山地区，企图歼灭该地区的八路军和地方党政机关。晋察冀军区第1军分区第1团第7连奉命掩护党政机关、部队和群众转移。完成任务撤离时，留下第6班班长马宝玉，副班长、共产党员葛振林，及宋学义、胡德林、胡福才5名战士担负后卫阻击，掩护全连转移。他们坚定沉着，利用有利地形，奋勇还击，打退日伪军多次进攻，毙伤90余人。

次日，为了不让日伪军发现连队转移方向，他们边打边撤，将日伪军引向狼牙山棋盘陀峰顶绝路。日伪军误认咬住了八路军主力，遂发起猛攻。5位战士临危不惧，英勇阻击，子弹打光后，用石块还击，一直坚持战斗到日落。面对步步逼近的日伪军，他们宁死不屈，毁掉枪支，义无反顾，纵身跳下数十丈深的悬崖。马宝玉、胡德林、胡福才壮烈殉国，葛振林、宋学义被山腰树枝挂住，幸免于难。五位壮士用生命谱写了一首气壮山河的抗日颂歌。

小萝卜头的故事

小萝卜头也是《红岩》里的一个人物。他的人物原型叫宋振中。

宋振中在一岁的时候，和妈妈一起被国民党反动派关进重庆白公馆监狱，1949年9月6日，和妈妈徐林侠、爸爸宋绮云一起被国民党特务杀害于戴公祠，当时，小萝卜头宋振中才9岁。

小萝卜头宋振中遇害时年仅9岁，但是，他在敌人的监狱里被关押了8年。他是在敌人的监狱里长大的，不知道外面的世界是什么样。在敌人残酷迫害下，小萝卜头是吃霉米饭长大的，不知道糖是什么味儿。

他和所有的孩子一样，渴望到学校里去读书，但是，他是"政治犯"，敌人不让他读书，经过地下党的斗争，他才在监狱里上了学，由地下党员和爱国志士做他的老师。小萝卜头稍微大一点以后，就懂得了谁是坏人，谁是好人。

他特别痛恨国民党反动派，在敌人的监狱里帮助地下党做了许多成年革命者不能做的革命工作，为打倒国民党反动派，建立新中国，立下了不可磨灭的功劳。正因为如此，重庆解放后，小萝卜头宋振中被追认为革命烈士。他是我国，也是世界上最小的烈士。

革命故事分享过程如图22-1所示。

图22-1　革命故事分享

2. 革命诗歌分享（3、4组），以下是参考示例。

清平乐·六盘山

毛泽东

天高云淡，望断南飞雁。
不到长城非好汉，屈指行程二万。
六盘山上高峰，红旗漫卷西风。
今日长缨在手，何时缚住苍龙？

梅岭三章

陈毅

断头今日意如何？创业艰难百战多。此去泉台招旧部，旌旗十万斩阎罗。
南国烽烟正十年，此头须向国门悬。后死诸君多努力，捷报飞来当纸钱。
投生革命即为家，血雨腥风应有涯。取义成仁今日事，人间遍种自由花。

3. 革命歌曲分享（5、6组），参考歌曲：团结就是力量、闪闪红星等。

备注：分享顺序可按抽签顺序进行，故事分享采取一人讲多人演的形式，要求小组每个成员参与其中。

问题探究：

1. 在刚才的革命故事片段、诗歌、歌曲的分享中，你感悟到了什么？
2. 请你用几句话概括什么是革命精神？
3. 在未来的成长路上，你会怎样传承革命精神？

小结：革命先辈用鲜血和生命换来了我们今天幸福的生活，他们那种为了国家和广大人民的利益，不怕艰难困苦，不怕流血牺牲，坚韧不拔，勇往直前的革命精神值得我们学习。作为新时代的青年人，我们将铭记历史，奋发图强，砥砺前行，不辜负祖国和人民的寄托和希望。

活动2　明责任

设计意图：

通过活动，旨在让同学们感悟先辈和当今领导人对青少年所寄予的希望，明确自己应承担的历史责任。

活动步骤：

1. 屏幕展示《少年中国说》片段，全班同学齐诵（如图22-2所示）。

图22-2　齐诵《中国少年说》

梁启超《少年中国说》：少年强则国强，少年智则国智，少年富则国富，少年独立则国独立，少年自由则国自由，少年进步则国进步，少年胜于欧洲，则国胜于欧洲，少年雄于地球，则国雄于地球。

2. 播放习近平主席关于"青年强，则国强"的讲话视频。

2. 班主任点评。为了让同学们铭记历史，传承革命精神，激发同学们的爱国情怀，培养同学们的民族责任感，特开展以"铭历史 牢记使命挑重担"为题的爱国主义教育活动。这场班会活动如此顺利，让我很惊讶，同学们以高昂的热情积极准备，增强了教育活动的效果。作为一个男生较多的班级，讲故事、诗歌朗诵、红歌演唱，样样都表现得非常出色。通过这种生动活泼的形式开展爱国主义教育，加深了同学们对革命先烈的了解和认识，促进了同学们对革命精神的理解和认同，激发了同学们的历史责任感和使命感。与此同时，同学们通过集体朗诵梁启超的《少年中国说》和观看习近平总书记关于青年责任的讲话视频，明白一个道理：对青少年来说，历史责任从未缺席。从少年到青年，承担国家和民族责任的路更加清晰。对中职生而言，专业学习与行业发展是紧密联系的。本次班会活动将爱国主义教育与学生的专业学习、行业和国家经济发展结合起来，让爱国主义教育在学生心中落地生根，以丰富的精神文化助力学生健康成长。

六、活动拓展

（一）智慧加油站

一年中，红色革命纪念日有哪些？各有什么历史背景？

五四青年节

五四青年节源于中国1919年5月4日爆发的反帝爱国的"五四运动"。1939年，陕甘宁边区西北青年救国联合会规定5月4日为中国青年节。1949年12月，中央人民政府国务院正式宣布5月4日为中国青年节。青年节期间，全国各地都要举行丰富多彩的纪念活动，青年们还要集中进行各种社会志愿和社会实践活动，还有许多地方在青年节期间举行成人仪式。五四精神的核心内容为"爱国、进步、民主、科学"。

七一建党节

中国共产党于1921年7月成立，毛泽东同志于1938年5月在《论持久战》一文中提出："今年七月一日，是中国共产党建立的十七周年纪念日。"这是中央领导同志第一次明确提出"七一"是党的诞生纪念日。

1941年党中央决定召开"一大"确定1921年7月的首日即7月1日作为党的生日和纪念日。

八一建军节

1927年国民革命军正处于北伐中，当时的国民党两大集团——武汉的汪精卫集团和南京的蒋介石集团并不团结，4月，蒋介石在上海发动"四一二"政变，大批逮捕、处决共产党人，三个月后，武汉的汪精卫集团也发动"七一五"政变，大肆清党，政府、军队中的共产党人遭到驱逐。在这种情况下，中国共产党为了表明革命到底的立场，唤醒广大民众，反抗国民党反动派的屠杀，决定在南京和武汉之间的江西南昌发动武装起义，打响了武装反抗国民党反动统治的第一枪。

1933年7月11日，中华苏维埃共和国临时中央政府根据中央革命军事委员会的建议，决定将8月1日作为中国工农红军成立纪念日。从此，8月1日成为中国工农红军和后来的中国人民解放军的建军节。

十一国庆节

1949年9月的政协第一届一次会议上决定把10月1日定为国庆节。在1949年10月1日，毛泽东主席宣告中华人民共和国成立，这是中国历史上一个最伟大的转变。1949年10月1日下午3时，北京30万人在天安门广场隆重举行典礼，庆祝中华人民共和国中央人民政府成立。毛泽东主席庄严地宣告中华人民共和国、中央人民政府成立，并亲自升起了第一面五星红旗。毛泽东主席宣读了《中华人民共和国中央人民政府公告》："中华人民共和国中央人民政府为代表中华人民共和国全国人民唯一合法政府。凡愿遵守平等、互利及互相尊重领土主权等项原则的任何外国政府，本政府均愿与之建立外交关系。"随即举行阅兵式和群众游行。朱德总司令检阅了海陆空军，并宣布《中国人民解放军总部命令》，命令中国人民解放军迅速肃清国民党一切残余武装，解放一切尚未解放的国土。

（二）行为训练营

开展一次"铭历史 勇担当"的剪报比赛，按参赛人数的5%、10%、15%评出一、二、三等奖，给予表彰。

七、同学总结反思摘录

张忆闻：本次班会活动，内容十分丰富，有故事分享、诗歌朗诵、歌曲欣赏等，我们用不同的形式缅怀革命先烈，歌颂他们大无畏的牺牲精神。作为青年人，我将铭记历史，学会反思，懂得担当，为民族复兴注入源源不断的青春力量。但革命精神并不是一些浅浅的认知，也不能停留在表面上，必须将它化为行动，在学习和生活中力争上游，提高自己的综合素质和综合能力，为将来立足社会打好基础。

刘圆圆：本次班会活动，大家积极配合，认真排练节目，收集相关资料，积极参与讨论与分享，使整个活动开展得非常顺利。我们班虽然男生居多，但这次活动准备充分，表演效果不错。通过这种轻松的方式开展革命教育，效果远比老师的说教好得多。

陈俊杰：作为青年人，我们不能忘记先人嘱托，更要将党和政府对青年一代的要求熟记于心。我们从少年走来，成长为青年，历史的责任未变，但我们已经渐渐告别幼稚，走向成熟，应当更加明确历史责任。在生活中，积极弘扬革命精神，培养和践行好社会主义核心价值观，树立尊重历史、铭记历史、勇挑重担的观念，发奋学习，拥有专长，努力做一名品学兼优的学生。

胡磊：本次班会活动是一次爱国主义教育活动，它让我们在一个不一样的环境下，感受英雄们一路走过来的不易。同时，也结合我们的专业学习，分析我国经济发展取得的成就，寻找与发达国家的差距，从而带领我们去思考自己肩上应承担的历史责任，通过专业学习发展专业特长，用专业特长为祖国建设和发展做贡献。这些绝不是一句口号，我将用实际行动证明："00"后是有家国情怀和责任担当的一代。

第二十三课　长志气　奋力拼搏强中华

名人名言

为中华之崛起而读书。

——周恩来

一、活动背景

随着综合国力的增强，中国已经成为世界第二大经济大国。然而，中国的迅猛发展让一些西方国家感到恐慌。为了遏制中国崛起，一些西方国家开始想尽办法扰乱中国的发展进程，制造中国阴谋论，频繁打压中国企业，借疫情散布谣言蛊惑人心……这一切，让我们明白：中华民族在实现强国之梦的道路上会遇到重重困难和阻碍。中职生是祖国未来的建设者和接班人，在国际压力面前，要学会做一个有志气的中国人，奋力拼搏，为中华之强大挥洒自己的青春和热血。

二、活动目标

1. 让学生明白自尊自爱是一个中国人应有的民族气节，领会自尊自爱是赢得别人尊重的重要前提，引导学生在国际交往中做一名有志气的中国人。
2. 让学生明白人生只有奋斗才会有未来，感悟奋斗的艰辛和不易，增强学生奋发向上的勇气，做一名勇于拼搏的中国人。
3. 让学生明白一个国家和民族的发展不仅要有志气，还应当有发展的底气，从而增强学生勇担历史使命的信心。

三、活动内容

立民族志气、树奋斗正气、增发展底气。

四、活动准备

1. 收集名人长志气的经典故事。
2. 下载俞敏洪演讲视频：相信奋斗的力量。
3. 下载视频：中国成就。

五、活动过程

（一）活动导入

同学们，中国当前的发展取得了很多成就，但前进的道路上仍面临许多困难，国际竞争越来越激烈，以美国为首的少数西方国家干扰我们前进的步伐。无论前进的道路有多么艰难，无论民族崛起的征途多么坎坷，我们都要选择做一个有志气的中国人，努力学习，顽强拼搏，为中华民族的复兴而努力奋斗。

（二）体验·探究·分享

活动1 立民族志气

设计意图：

通过透视经典名人故事，引导同学们立民族志气，争做一名有志气的中国人。

活动步骤：

1. 分享故事《做有志气的中国人》

姚明，国际男篮巨星。在美国火箭篮球队打球成名以后，很多国际知名企业纷纷找他打广告。2006年，休斯顿火箭的赞助商日本丰田看到姚明在广告方面的潜力，想跟他签订合同，其代言费高达2000万美元（当时折合人民币1.6亿元），但是姚明一看签约公司是丰田，他想都没有想，便直接拒绝了，对方要求给出理由，姚明只回复了简单四个字："没有理由。"，原来只因为丰田是日本企业。近年来，日本管理层的行为，令中国人民很生气，无论老板怎么好言相劝，姚明仍然果断的拒绝了这个天价合同。在此，我们不得不佩服姚明。

姚明作为新时代中国人的代表，在他和许多优秀运动员的带领下，中国从一个体育弱国开始走向体育强国，体育的发展推动了"中国梦"的实现进程。

2. 请同学们为姚明行为点三个赞（如图23-1所示）。

图23-1 为姚明点赞

问题探究：

1. 姚明拒绝日本丰田合约的事说明什么？
2. 在姚明的身上，我们看到了一种什么样的民族气节？
3. 在国际交往中，我们如何做一名有志气的中国人？

小结：在国际交往中，爱国首先就要做到自尊自爱，保持一个中国人应有的骨气，不在任何蔑视面前低头。因为只有懂得自尊自爱，才能在国际社会中赢得别人的尊重。

活动2　树奋斗正气

设计意图：

通过活动，旨在引导同学们在感受激情演讲中唤醒沉睡的心灵，增强民族自信心，增强成才报国的信念。

活动步骤：

1. 倾听俞敏洪的演讲：《相信奋斗的力量》（如图23-2所示）。

图23-2　倾听俞敏洪演讲

2. 指出俞敏洪成长过程中激励自己奋斗的关键点。

问题探究：

1. 俞敏洪为什么要我们相信奋斗的力量？奋斗与梦想的实现有何联系？
2. 小学、初中阶段，你是否为了某个目标奋斗过？如果有，又是什么原因导致你后来放弃了奋斗精神？在沉沦的日子里，你失去了哪些发展机会？
3. 作为新时代的中职生，为实现中华民族的复兴之梦，如何重新拾起奋斗的精神？

小结：从俞敏洪的身上，我们看到：只有奋斗的人生才是幸福的人生。然而，奋斗并不是一件容易的事，它是需要付出艰苦的努力，并有持之以恒的决心和毅力。作为一名中国人，实现民族复兴是我们当下肩负的历史责任。在国家发展的过程中，我们只有一条前进的路可选，那就是选择做一名敢于奋斗、勇于拼搏的中国人。

活动3 增发展底气

设计意图：

通过活动，旨在引导中职生结合专业描绘行业发展蓝图，制订出符合自身实际和社会实际的"个人梦"，增强发展的底气。

活动步骤：

1. 观看视频：《中国成就》（如图23-3所示）。

图23-3 观看视频：中国成就

2. 分享"十四五"规划的主要目标和2035年远景目标：

"十四五"规划的总体目标：经济发展取得新成效、改革开放迈出新步伐、社会文明程度得到新提高、生态文明建设实现新进步、民生福祉达到新水平、国家治理效能得到新提升。

2035年远景目标：基本实现社会主义现代化。

问题探究：

1. 观看《中国成就》后，你有什么感想？这些成就为实现中华民族复兴梦增添了哪些底气？

2. 作为中职生为实现"十四五"规划目标和2035年远景目标，你将从哪些方面增加个人发展和社会发展的底气？

小结：有志气、有骨气、有底气，是中国人民最珍贵的品质，这也是任何力量都阻挡不了的。作为新时代的青年，坚持与时代同向同行，通过刻苦学习，苦练本领，增强发展能力，做一名健康向上、底气满满的中国人。

（三）活动小结

1. 主持人小结。同学们，谨记历史的屈辱带给我们的伤痛，向那些有志气的前辈学习，相信奋斗的力量，切莫辜负青春好时光，用你的执着和坚韧去追逐梦想，用你的勤奋和汗水点亮希望，用你的拼搏和奋斗成就未来。让我们做一个有志气、有骨气、有底气的中国人，让我们一起为实现中华民族的复兴之梦而共同努力！

2. 班主任点评。作为中华儿女，我们都希望国家越来越繁荣和强大，以崭新的姿态重新屹立于世界的东方。为激发同学们的民族自豪感和建设祖国的强大信心，我们开展了"长志气 奋力拼搏强中华"的班会活动。整个流程分三个环节，即立民族志气、树奋斗正气、增发展底气，每个环节间衔接自然，逻辑严密，再一次对同学们进行了深刻的爱国主义教育。在当前，国际形势非常复杂，一些外国势力加大了对中国发展的干扰。作为一名中国人，在面对国际压力和挑战时，一定要有志气、有骨气、有底气，这是一个中国人应有的本色。班会活动中，姚明的故事告诉同学们：在国家利益面前，个人利益微不足道。因为有了国家利益，个人利益才能得到根本的保障。姚明的举动给我们青少年树立了一个好榜样，无论将来你在国际交往中遭遇什么，保持民族气节，做一名有志气、有骨气的中国人，这才是最重要的。有了志气，还应当树正气，一个人好吃懒做，根本不可能实现志向，一个民族没有奋斗精神是没有发展前途的。从俞敏洪的演讲中，同学们已经清醒地认识到这一点。奋斗是个人幸福的源泉，也是实现中华民族复兴之梦的精神力量。作为中职生，曾经的奋斗让你品尝过成功的滋味，如今，要想获得更好的发展，必须重拾奋斗精神，拿出顽强拼搏的斗志，为实现中华民族复兴之梦而努力。在营造了正气氛围的基础上，还要增强发展底气。那么底气从何而来？同学们通过观看视频《中国的发展成就》，了解新中国建设取得的重大成就，增强民族自信心，同时，通过对"十四五"规划和2035年远景目标的了解，进一步增强民族发展的底气。在这个过程中，我感受到了同学们油然而生的爱国热情，更希望同学们把这种热情化为自己的行动，努力学习，发奋图强，增强实现中华民族伟大复兴之梦的底气，为将来承担起祖国建设的责任奠定坚实的基础。让我们一起为祖国的美好未来奋斗吧！

六、活动拓展

（一）智慧加油站

在国际交往中，如何对待外国人的歧视或污辱？
1. 心态上保持镇定，做到不卑不亢。
2. 行为上文明有礼，展现优秀素质。
3. 生活中积极向上，增强国人志气。

如何把"个人梦"与"中国梦"结合起来？
1. 深刻认识习总书记提出的"中国梦"的丰富内涵和重大意义，把握好"中国梦"与个人理想的内在联系，真正懂得梦想要靠踏实劳动、不懈奋斗去实现，积极践行习总书记对当代青年提出的要求，志存高远、增长知识、勇于创新、矢志奋斗、锤炼品格。
2. 敢于放开眼界，做到志向高远，不要在意一时的成败与得失、困难与挫折。无数事实告诉我们，要想在事业上取得成就，为全社会乃至整个国家做出贡献就需要在青年时期立下鸿鹄之志，并为梦想而不断努力和拼搏。
3. 要谨记只有脚踏实地才能实现梦想的道理，做好自己的职业生涯规划，积极向上，把自己的人生奉献给祖国的事业。

4. 当个人梦想与中国梦发生冲突时,要有奉献和牺牲精神,从大局出发,个人梦想要服从中国梦。

(二)行为训练营

以"中国梦 我的梦"为主题进行绘画、书法等形式的比赛,选其一即可,将优秀作品选送学校参加市区比赛。

七、同学总结反思摘录

李莹莹:姚明是我非常崇拜的篮球明星,他为祖国的篮球事业做出了许多贡献。今天聆听他的故事,再次为他竖起大拇指:有骨气、有志气!作为他的忠实粉丝,我骄傲,我自豪。同时,我对那些歧视中国的人和事表示极大的愤慨和不满。为了祖国的振兴和繁荣,我将振作精神,发奋图强,为祖国的发展做出自己应有的贡献。

任桂香:生逢盛世,我们享受着祖国建设的成果,过着舒坦的日子,却没有远大抱负,学习上消极、被动、不思进取,对未来没有长远规划,更没有去关注自己对社会的贡献。本次班会活动让我受到了深刻的教育,为自己缺乏生活斗志而感到羞愧。从俞敏洪的演讲中,我知道:天上没有掉下来的馅饼,幸福是靠奋斗出来的。生活中,个人的幸福是小幸福,而整个社会的幸福是大幸福。作为年轻人,既要为自己的小幸福而奋斗,也要为整个社会的大幸福而奋斗。同学们,我们一起加油吧!

张明艳:回顾祖国走过的光辉历程和取得的伟大成就,我倍感骄傲和自豪。"十四五"规划即将启程,2035年远景目标的实现要靠我们这一代人。突然间,我感觉自己肩上的责任重大。面对未来,我不能再马虎。因为时代的发展不等人,祖国的强大需要每个人做出贡献。因此,从现在开始,我要勤于学习、勇于实践,不断提升内在素质,锤炼过硬本领,争做一名底气十足的中国人。

张燕:一个人的发展需要立志气、树正气、增底气,一个民族和国家的发展同样需要立志气、树正气、增底气。作为一名中职生,无论是为了个人的发展,还是为了民族和国家的发展,我们都要立"为幸福而奋斗"的志气,树"积极向上、勇于拼搏"的正气,增"提升素质,练就过硬本领"的底气。

第二十四课 扬美德 凝聚正气展形象

名人名言

人无礼则不生，事无礼则不成，国家无礼则不宁。

——荀子

一、活动背景

随着国际交往的频繁，民族形象、国家形象越来越重要。近几年，发生在服务业、产品制造业以及个人行为中的不良现象严重损害了中华民族的文明形象，造成了一些不良的国际影响。因此，中职生要树立国家观念和民族意识，在日常的学习和生活中传承中华民族的优秀文化传统，塑造良好的个人形象，展示民族风采，争做魅力中国人。

二、活动目标

1. 让学生了解民族形象的内涵，领会个人形象和民族形象的内在联系，增强学生塑造民族形象的担当意识。
2. 让学生明白国际交往中文明有礼才是真正的爱国，增强学生在国际交往中的是非辨别能力，不做有损国家和民族形象的事。
3. 让学生明白国际交往中实力是赢得尊重和收获成功的法宝之一，引导学生从自身出发塑造良好的民族形象，为提升国家软实力做出自己应有的贡献。

三、活动内容

认识民族形象、辨别民族形象、展示民族形象。

四、活动准备

1. 下载视频：
（1）《中国形象》之《人物篇》。
（2）世界技能大赛冠军宋彪的故事。
2. 收集中国公民在涉外活动中的不文明现象。

五、活动过程

（一）活动导入

同学们，在国际交往中，为什么一部分外国人瞧不起中国人？那是因为不文明现象的产生损害了自身形象，进而损害了国家形象。中华民族是文明古国，礼仪之邦。中职生作为中华民族优秀文化的传承人，几千年来传承下来的文明礼仪不可丢，努力改变个人陋习，理性看待和处理有损国家和民族形象的事，增强民族荣誉意识，用积极行动提升国家形象。

（二）体验·探究·分享

活动1 认知民族形象

设计意图：

通过活动，旨在引导同学们理解民族形象的含义，激发他们勇于承担打造国家形象的责任，培养同学们的爱国主义意识。

活动步骤：

1. 播放宣传片：《中国形象》之《人物篇》，同学们认真观看（如图24-1所示），并用笔记下片中自己熟悉人物，上网收集他们的先进事迹。

图24-1 同学们认真观看视频

2. 以学习小组为单位，归纳片中人物树立中国形象的做法并寻找其共同点，将观点写下来，完成后派代表发言。

3. 上网查阅有关民族形象的解释，并结合我国国情归纳出民族形象的内涵。

问题探究：

1. 中国人民在世界人民眼中树立了哪些好的形象？
2. 良好的个人形象和民族形象之间有何内在联系？

小结：民族形象，简单地说，就是一个民族在他人眼中的样子。中华民族通过几千年的发展，在世人眼中树立了许多好的形象，如勤劳朴实、真诚善良、文明有仪等，每一个代表中国优秀形象的人物，他们在生活和工作中，都非常注重个人形象的塑造，在他们看来，个人形象与民族形象是不可分的。塑造好个人形象就为提升民族形象做了一份贡献。

活动 2　辨别民族形象

设计意图：

通过活动，旨在帮助同学们分辨什么是真正的爱国行为，增强他们在国际交往中的塑造良好民族形象的意识。

活动步骤：

1. 屏幕展示案例：

2018 年 1 月 24 日，日本成田机场捷星航空 G35 次航班由于目的地上海的天气原因延误，175 位中国旅客滞留机场。第二天凌晨，一名中国旅客与工作人员发生争执被日本警方带走，部分在场的中国旅客唱起了国歌。

2. 讲述国歌的故事以及它代表的意义。
3. 主持人引导同学们分析民族形象，如图 24－2 所示。

图 24－2　主持人引导同学们分析民族形象

问题探究：

1. 此事件中，中国旅客唱国歌的行为是一种爱国行为吗？为什么？
2. 在国际交往中，那些假"爱国"行为对民族形象带来哪些负面影响？
3. 在国际交往中，如果发生了矛盾和冲突，正确的处理方式是什么？

小结：国家经济的发展不仅扩大了国际交往的范围，而且给中国人民创造了许多走出国门学习、工作以及休闲的机会。在国际交往中，难免会有一些不如意的事发生。不管发生什么，理性对待才能留下好印象，从而为自己赢得化解矛盾的良机。

活动3　展示民族形象

设计意图：

通过活动，旨在让同学们明白树立中华民族的形象靠的是实力，激发他们努力学习专业的热情。

活动步骤：

1. 观看视频：世界技能大赛冠军宋彪的故事。
2. 回顾宋彪成长的经历，分析他从"差生"逆袭为世界技能大赛冠军的原因。
3. 比对自己和宋彪的成长经历有何异同。

问题探究：

1. 宋彪用行动征服了国际裁判，他塑造了什么样的中国形象？
2. 据你所知，中国人在哪些领域的国际舞台上获得过骄人成绩？请举例说明。
3. 结合专业学习和实践，谈谈你从哪些方面去塑造良好的民族形象？

小组讨论过程如图24-3所示。

图24-3　小组讨论

小结：良好的民族形象需要通过多种方式来展现，它既可以是文明礼仪的言行，也可以是证明自己实力的事迹等。无论哪种方式，都是在为提升国家软实力做贡献。

（三）活动小结

1. 主持人小结。同学们，在国际舞台上，每个人的言行都代表着一个民族和国家的形象。作为中国人，我们要有民族自豪感和自尊心，凡不利于民族和国家形象的事坚决不做，言论不偏激，正确对待那些诋毁民族和国家形象的言行。把我们的文明形象和专业特长展示在世界人民面前，做一个文明优雅、永不服输的中国公民，为中国形象增光添彩。

2. 班主任小结。树立良好的民族形象，用文明礼仪展示国人风采，这也是一种国家责任和担当的体现。本次班会活动从塑造民族形象的角度对同学们进行了爱国主义教育，从效果来看，是非常成功的。同学们在体验、探究、分享中提高了对塑造民族形象的认识，增强了塑造良好民族形象的信心。在我国文明历史长河中，许多优秀人物和普通老百姓都很注重个人的对外形象。特别是在国际交往中，个人形象常常与整个民族形象联系在一起。不在外国人面前丢中国人的面子，这是绝大多数中国民众形成的共识。然而，随着国际交往频繁，发生的矛盾和问题也越来越多。在处理这些矛盾和问题的过程中，一些中国公民采取了不理智的行为，造成了不良的国际影响。通过中国游客滞留日本机场的唱国歌事件，给同学们一个警示：在国际交往中，是非不分，打着"爱国"旗号做有损民族形象的事，这是非常耻辱的行为。而像宋彪那样用文明素质和真才实干来塑造民族形象，这才是爱国的真正体现。

六、活动拓展

（一）智慧加油站

巧对涉外纠纷，维护民族形象
(1) 情绪上保护冷静与克制。
(2) 以理服人，通过中间人进行调和。
(3) 收集证据，为自己争取解决冲突的有利条件。
特别提醒：切勿用暴力方式解决涉外冲突。

（二）行为训练营

每位同学结合专业拟一份"树形象 展示民族风采"的计划书，上传班级钉钉群进行交流分享。

七、同学总结反思摘录

赵庆芳：每当我看到国际赛场上升起的五星红旗，一种民族自豪感油然而生。运动员们以其熟练的体育技巧和良好的个人修养展现中国人自信的风采，赢得世界各国人民的尊重、理解和认同。本次班会活动，更加深了我对塑造民族形象的认识。我虽不能在大赛中展现民族风采，但也要在日常生活中，塑造良好的个人形象，因为将来的我要成为"中国制造"队伍中的一分子，生产出好的产品就是在为塑造民族形象做贡献。

李佳：中华民族是一个团结的民族，这是国际社会公认的。在国际交往中，我们切忌滥用"团结"一词，像日本机场的唱国歌闹剧显然是不合时宜的。这不仅丢掉了个人面子，还影响了民族形象，这样的做法非常不可取。

杨万杰：我与宋彪一样都是留守儿童，总埋怨爸妈只管生我，却不养我，所以选择了自暴自弃。进入职业学校以后，照样抱着混日子的心态。宋彪的故事让我明白中职生只要肯努力，同样可以大有作为，这不仅能改变社会对中职生的看法，而且还有机会在国际舞台上展现民族风采。宋彪，好样的！从现在开始，我以宋彪为榜样，在日常生活中，修炼自己的人品和提高自己的技能，为提升"中国制造"的国际形象而努力奋斗。

石子玉：自古以来，中华民族被称为礼仪之邦，在交往中以"重礼仪"而赢得世人的称赞。许多中国人继承和发展了礼仪交往的光荣传统，树立了良好的民族形象。然而，总有一些人自以为是，在国际交往中做出有失中国人体面的事。以人为鉴，反观自己的言行，也有些做得不恰当，虽然还没有造成对民族形象的损害，但作为一个中国人，我应有自知之明，努力改正交往中的不礼貌行为，为塑造良好的民族形象尽一份力。